Oscar bestsellers

di Andrea Gallo

nella collezione Oscar

Ancora in strada
Angelicamente anarchico
Così in terra, come in cielo

DON ANDREA GALLO
con Bruno Viani

ANCORA IN STRADA

UN PRETE DA MARCIAPIEDE

Prefazione di Dario Fo

OSCAR MONDADORI

I edizione Oscar Bestsellers marzo 2013

ISBN 978-88-04-62799-9

Questo volume è stato stampato
presso ELCOGRAF S.p.A.
Stabilimento - Cles (TN)
Stampato in Italia. Printed in Italy

www.librimondadori.it

Prefazione

Don Andrea Gallo "prete dei tossici, prete dei poveri", così viene chiamato quest'uomo coraggioso e testardo che ha dedicato tutto se stesso al recupero di chi ha perso il senso della propria vita. Sono davvero numerosissimi i giovani che ha strappato alla strada, alla droga, alla prostituzione e alla solitudine.

Pensando a lui, mi è subito venuta alla mente la figura di san Francesco: con il santo di Assisi don Gallo ha infatti molte affinità, prima fra tutte la scelta incondizionata e coraggiosa di "stare con i disperati".

Una scelta difficile, pesante, portata avanti nonostante mille traversie, critiche e boicottaggi, guarda caso soprattutto all'interno della Chiesa stessa che ha giudicato i suoi atti rivoluzionari e indisciplinati. Già, perché don Gallo, come Francesco, ha spesso incontrato lungo il proprio cammino chi non amava i suoi metodi, valutandoli un po' fuori dagli schemi e molto poco ortodossi. Sempre pronto allo scontro e alla battaglia dialettica, don Gallo non si è fatto intimorire da nessuno ed è comunque andato avanti per la sua strada, fedele solo a se stesso e ai dettami del Vangelo.

Entrambi, Francesco e Andrea, hanno scelto di aiutare chi soffre, gli umili, i diseredati e gli emarginati accogliendoli a braccia aperte, offrendo ospitalità e cure, senza mai pretendere nulla in cambio, senza giudicarli o condannarli.

Hanno restituito loro una dignità, quella dignità umana che da tempo la società aveva loro strappato.

Certo a lui non importa molto d'essere paragonato a un santo. Anzi, mi si racconta che, quando qualcuno nell'elogiarlo lo avvicina a qualche mistico della tradizione cristiana, don Gallo quasi si risente: «Assomiglio troppo a quelli che aiuto per potermi definire "santo". È già difficile essere "umano" e questo già mi basta».

Dario Fo

ANCORA IN STRADA

Un ringraziamento particolare
a Anna, Attilio, Franco, Lilly
e a tutti i ragazzi di San Benedetto
di ieri e di oggi

Incontri sul marciapiede

La stessa sera in cui finimmo l'intervista destinata a diventare il mio primo libro, mi chiamò la Lilly che è un po' il mio angelo custode. «Il giornalista dice che, per il titolo, ha pensato a "Un prete da marciapiede", vorrebbe sapere se mi va bene o se lo trovo offensivo...» Offensivo? Macché, era la fotografia della mia anima.

Perché il marciapiede, qualunque riferimento possa avere, io me lo sento dentro. Mi piace camminare per le strade della città fino alle periferie più estreme, senza fretta, guardando il mondo intorno a me e le persone che mi sfiorano. Il marciapiede è il luogo dell'incontro, lo è sempre stato: lo è ancor più oggi che sono passati dieci anni, magari cammino più lentamente ma, visto che ormai la mia faccia è conosciuta, tanti mi fermano, dai bambini ai migranti.

Alla mia età continuo a scambiare il giorno per la notte, non vado mai a dormire prima delle quattro del mattino e giro per la città a qualsiasi ora e, in tanti anni, non ho mai ricevuto un insulto, uno sgarbo, un'aggressività. I caruggi genovesi sono un marciapiede unico, un luogo senza automobili dove puoi sentire il rumore dei tuoi stessi passi. Sono stato recentemente al ghetto, il quartiere delle mie amiche trans che è nel cuore della città vecchia ma è considerato la periferia della periferia. Di notte, si diceva un tempo, girano solo ladri, prostitute e giornalisti. Io aggiungo: gira anche un vecchio prete.

L'altra notte alle tre, venivamo da una giornata di lavoro a Chivasso, qui fuori dalla comunità mi viene incontro un uomo sulla cinquantina, nel deserto di via San Benedetto.

Scusi, vorrei parlare. «Dimmi.» Ho parcheggiato l'auto sotto la lanterna, vorrei poter fare almeno una doccia. «Dove abiti?» Ad Asti. «Mica possiamo andare fino ad Asti...» Andiamo avanti così per un po', senza un filo logico, ma lui a mano a mano si distende. Io sono sempre più perplesso: a volte mi fermano per strada, chiedono soldi. Lui no, non chiede niente. Finché allarga un sorriso: come sono contento di parlare... continuerei anche io, gli dico, ma ormai sono forse le tre e mezzo e fa pure freddo.

«Stai a sentire, vieni domani, questo portoncino di via San Benedetto 12 è sempre aperto per tutti.» Lui sembra non crederci, è felice e mi tende la mano. Ci salutiamo così, come due amici. Non l'ho mai più visto, chissà che fine ha fatto.

Il coraggio del sangue

Un altra volta ero a Tolmezzo in Friuli. Uno che non ho mai visto prima si avvicina: don Gallo, dai che andiamo a bere, ti devo raccontare una cosa. Lo seguo all'interno di uno chalet e lo guardo negli occhi, può avere forse la mia età. Vedi, mi racconta, Tolmezzo nel 1914 era un paese in terra d'Austria, i vecchi raccontavano che italiani e austriaci vivevano in pace. Ma dopo lo scoppio della Grande Guerra la linea del fronte si era spostata fin qui. Ed erano arrivate le truppe italiane portando alcuni prigionieri, tra i quali c'erano anche alcuni ragazzi del borgo. Erano austriaci, ormai nostri nemici, e la legge marziale era severa: dovevano essere fucilati.

Un tenente, giovane come loro, stava preparando il plotone di esecuzione: tu, tu e tu. E tra i prescelti c'erano anche tre alpini del paese, erano cresciuti insieme a quelli che adesso erano dall'altra parte della barricata. Messi al muro in attesa di morire.

In quel momento, aspettando il segnale del "fuoco", gli uni e gli altri si guardano negli occhi e si riconoscono.

Non c'è nemmeno il tempo di pensare, i tre vanno dal tenente: sor tenente, come facciano a uccidere i nostri amici?, gli chiedono. Ma quello si impunta: disubbidite a un ordine? Siete nel plotone di esecuzione e dovrete fare il vostro dovere, altrimenti finirete al muro anche voi.

Questo vecchietto che mi aveva fermato avrà avuto più di ottant'anni. Era lucidissimo. E raccontava come se fosse appena accaduta una storia che non aveva vissuto ma aveva sentito ripetere dai suoi genitori e dai suoi nonni. Una storia che rischiava di andare perduta. Quei ragazzi di Tolmezzo non se l'erano sentita di far fuoco contro i compagni di giochi di pochi anni prima. Ed erano finiti anche loro tra i fucilati.

Mi dice: erano ragazzi di qui, sono passati tanti anni. Vorrei che mettessero un cippo per ricordarli. Ma ho scritto a politici di qui, a ministri a Roma, niente. Magari tu puoi fare qualcosa... don Gallo, me la dai una mano?

Io non so se avrei il coraggio di affrontare il martirio come quei ragazzi. O come Salvo D'Acquisto che si offrì al suo posto per salvare un padre di famiglia dalla fucilazione. O come i primi cristiani. O come altri martiri, di tutti i tempi e di tutte le civiltà, che hanno pagato un tributo di sangue per aiutare gli altri o difendere le idee in cui credevano. Non lo so, ma se sono onesto devo dire di no: purtroppo, io quel coraggio non ce l'avrei.

Minacce

Arrivano sempre, le minacce, così come le benedizioni. C'è quello che mi scrive da anni, la Lilly ormai riconosce i caratteri sulla busta: scritti con la vecchia "lettera 22" della Olivetti, tre o quattro righe con parole poco diverse e sempre lo stesso pensiero: maledetto don Gallo protettore di puttane e migranti, che Dio ti stramaledica e ti faccia precipitare all'inferno ammesso che il diavolo ti voglia accogliere. L'ultima ha fatto un po' di scalpore: sono arrivato al limite, ti brucio la chiesa così vai all'inferno, diceva. Ma non è successo niente nemmeno questa volta. La chiesa è sempre lì e anche io.

Le minacce non mi sfiorano, se potessi rispondere a questa persona che pensa così spesso a me, glielo direi: perché non ci parliamo, una buona volta? Se ci incontriamo sul marciapiede, senza pregiudizi e guardandoci in faccia, magari ti offro anche un sigaro. E vedrai che, finalmente, ci potremo capire.

Scrupoli di coscienza

L'esame di coscienza farebbe bene a tutti, ma noi religiosi siamo tenuti a farlo quotidianamente. Io, l'esame di coscienza lo faccio camminando sul marciapiede, penso sia valido lo stesso. In strada vedi il povero, il disperato, la donnetta che ti parla in genovese. Il dialetto che parlavo da bambino in famiglia aiuta le confidenze, spesso è un lasciapassare per arrivare fino al cuore. È una fortuna poter parlare la lingua dei nostri padri.

Una volta si avvicina una vecchina e, in mezzo alla strada, mi confessa: don Gallo, io ho la pensione minima, tutti i mesi metto dieci euro a sant'Antonio nella sua chiesa.

«È una bella cosa» le dico e penso alla nostra piccola chiesa e a quante persone sono entrate nel corso dei secoli. Per pregare, riflettere, cercare un po' di conforto. La statua di sant'Antonio è sulla sinistra, è il santo protettore degli umili. La tradizione del pane dei poveri è radicata in tanti paesi: si fanno piccole offerte nella cassetta del santo, sapendo che saranno destinate alle necessità dei più bisognosi.

Ma lei va avanti, parlando in genovese stretto: ho saputo che siete un po' in difficoltà, mi dice, così ho deciso: d'ora in poi quei dieci euro io li do alla sua comunità.

Devo aver fatto una faccia perplessa, così lei mi prende per un braccio: «Non ti preoccupare, don Gallo, che poi a sant'Antonio glielo spiego io...».

La vecchiaia

A volte le cose le ripeto, come i vecchi. Ma cosa significa essere vecchi? Vent'anni fa, l'arcivescovo di Genova era il cardinale Giovanni Canestri che i ragazzi chiamavano John Basket. Era venuto in visita alla comunità e avevamo cenato al nostro ristorante La Lanterna. Dopo il caffè, ci fermiamo un attimo lì fuori dalla porta a respirare il fresco della sera. E lui mi fa un cenno: don Gallo, ascolta, tu e don Federico cominciate a essere vecchi... resto perplesso, sembra voler dire che possiamo morire da un momento all'altro. Dove vuol andare a parare? E va avanti: la vostra organizzazione deve avere basi solide, a certe cose bisogna pensare per tempo... Allora lo interrompo:

«Ho capito, i nostri uffici amministrativi sono proprio qui sopra, se vuole può controllare: io e don Federico non abbiamo nemmeno la firma sui conti in banca.» Lui tira fuori dalla tasca una busta, ci sono forse sei o settecentomila lire. Mi dice solo: tieni.

Un mese fa, una ragazza giovane, carina, mi dice: io frequento molti giovani, ma mi sono resa conto che la data di nascita non c'entra nulla, lei è più giovane di ogni altra persona che abbia mai incontrato.

Adesso ho passato gli ottant'anni da tempo, però in comunità sono "il vecio" da sempre. Il nome me lo diede la mamma di una nostra ospite, la Cilla, una ragazza che ora è a Santo Domingo. Quella donna chiamava la figlia da Verona e ogni sua telefonata finiva così: mi raccomando, ascolta il vecio...

Una volta un vecchio alpino mi ha spiegato: di fronte a una recluta, l'alpino che è già in servizio da qualche tempo è "il vecio" anche se magari ha solo trent'anni. Così se qualcuno mi dice che non sono vecchio, sono solo anziano, mi fa ridere: non ha senso, non si parla mica di una malattia e la carta d'identità non si può cambiare. E allora ripeto le parole della mamma di Cilla: ascolta il vecio...

La verità

La strada che porta in direzione della verità è faticosa, in salita. Bisogna cercarla tutti insieme senza arroganza. Ed è una ricerca continua nel corso della quale è necessario mettersi sempre in discussione. Chi siamo noi per pretendere di avere delle certezze? Ogni cristiano è impegnato a cercare e riconoscere i valori e l'etica anche negli altri. Io provo a farlo. E anche in questo, me ne rendo conto, camminare lentamente per strada è un grande aiuto.

So bene che chiunque incontro, anche se viene da lontano e magari ha un aspetto dimesso o poco rassicurante, ha una sua cultura, un suo passato e sue personalissime esperienze che lo hanno portato a diventare quello che è. E, se ha idee diverse dalle mie su qualsiasi cosa, mi costringe a riflettere: può aver ragione lui, è possibile che sia io a essere in errore.

Mia mamma

Mia mamma Maria Tomasina era nata nel 1895 e non aveva avuto la possibilità di studiare, si era fermata alla terza elementare come tanti ai suoi tempi. Ma aveva una grande virtù che non si impara sui libri: era una saggia e quando era tempo di elezioni era sempre la prima ad andare al seggio, dove ultimamente era sempre la più vecchia. Quel giorno si vestiva sempre a festa, perché esprimere la propria volontà col voto era una cosa importantissima. Una volta uno scrutatore mi aveva fatto cenno: don Gallo, se le fa piacere può entrare insieme a lei... E io: non posso, è lei che non vuole.

Qualche tempo fa ho incontrato Serge Latouche, il grande economista e filosofo francese che si propone come il nemico del consumismo. Nei suoi libri parla di una società che inquina e rovina il pianeta che ci ospita, perché vive sopra le sue possibilità e si comporta come se non ci dovesse essere un domani. Latouche mi parlava di tutto questo con grande forza di persuasione, io ascoltavo. E più ascoltavo più realizzavo che quelle cose erano il frutto della saggezza del passato. E non avevo potuto fare a meno di dirlo. «È vero, molti problemi del mondo si possono risolvere eliminando tanti sprechi. Lo sosteneva già mia mamma...»

Ancora adesso che ho più di ottant'anni, posso dire di essere stato un figlio fortunato. Perché mia madre ha vissuto quasi cent'anni, nel suo appartamento a Certosa, quartiere del nostro ponente genovese. Era orgogliosa della sua autonomia ed è stata indipendente fin quasi all'ultimo giorno. Era capace di delicatezze estreme, ma anche di prendere la vita con ironia.

Sì, sapeva essere ironica e autoironica e così io, a volte, mi divertivo a sobillarla un po' per vedere le sue reazioni. Una volta, per provocarla, ho iniziato a sospirare: «Adesso ci mancano tutti 'sti marocchini che arrivano con i barconi...». Lei, che avrà già avuto novant'anni, sta zitta per un po', poi sbotta: tu che hai studiato greco e latino, me lo dici da dove viene questa gente? Rispondo: «Mamma, non farmi fare l'indovino». E lei: te lo dico io: viene da lontano.

E poi, dopo un altro minuto di silenzio, riprende incalzando come un ritornello: tu che hai studiato greco e latino, me lo dici perché vengono? «Dimmelo tu...» Vengono perché hanno fame, risponde.

Mi viene da sorridere, ma rimango serissimo. «Ma mamma, ne abbiamo già tanti noi di poveri, lo vedi quanti vengono a bussare a questa porta. Che ci possiamo fare se ne vengono ancora?»

Mamma viveva con la pensione di reversibilità di mio padre ferroviere. Mica una cosa da ricchi, era già tanto se arrivava a fine mese. Eppure continua: noi siamo garantiti, mi dice, e siamo cristiani: se qualcuno ha bisogno dobbiamo aiutarlo senza esitazione, poi la logistica si affronta... «Mamma, ma cosa dici? Cosa è questa logistica? Disoccupati, barboni, ne abbiamo già tanti noi...» E lei, facendo segno di "no" col dito indice della mano destra: basta che evitiamo lo spreco... eccolo lì, il pensiero di Serge Latouche enunciato senza un'elaborazione filosofica razionale, ma così immediato.

L'altra caratteristica che ancora adesso mi commuove, pensando a mia mamma, è la sua delicatezza. A volte capitava che questo figlio degenere non si facesse vivo con sua madre per qualche giorno: allora era lei che telefonava in comunità: pronto, sono la mamma di don Gallo. E chi rispondeva si metteva subito sull'attenti: oh signora, glielo chiamiamo subito... Lei, immancabilmente, faceva un passo indietro: aspetti un attimo, se mio figlio è a colloquio non disturbatelo. Le persone che chiedono il suo aiuto devono essere rispettate. Ditegli solo che a Certosa ha ancora una mamma...

Quando qualcuno irrompe nel mio ufficio spalancando la porta, magari senza nemmeno bussare o guardare se dentro ci sono persone, lo ripeto sempre: ricordatevi di mia mamma Tomasina.

I politici

Io cerco sempre di pensare in positivo, ma a volte è difficile. Se penso ai politici che vedo oggi in televisione, non importa se al governo o all'opposizione, se di destra o di sinistra, cosa posso dire? La classe politica è peggiorata, trent'anni fa si sottolineava che la vera autorità deve essere al servizio del bene comune. Oggi al bene comune non pensa più nessuno, sicuramente non è l'obiettivo prioritario, viene dopo gli interessi particolari, i giochi di potere, i personalismi. Prevalgono gli operatori della paura. E ogni azione è compiuta pensando alle elezioni che verranno, alla prossima campagna elettorale, al consenso che si può guadagnare o perdere compiendo una scelta, ai posti di potere che si potranno ottenere. E tutto questo sia a livello governativo sia ai piani più bassi del sottogoverno e delle amministrazioni locali. Il problema è solo quello: sta per arrivare la scadenza del mio mandato, dove mi colloco per non perdere il posto?

Qualcosa di sinistra

Mi hanno chiesto: don Gallo, dì qualcosa di sinistra almeno tu che sei un prete, altrimenti non lo fa più nessuno. La mia risposta è solo questa: pensate al bene comune. Questo un sacerdote può e deve dirlo senza sentirsi accusato di rubare il mestiere ai politici. E i precedenti illustri non mancano, penso a persone più importanti di questo povero prete. Ho avuto la fortuna di conoscere don Milani: a chi gli chiedeva cos'è la politica, lui diceva che è uscire tutti insieme dai problemi partendo dagli ultimi. E si chiedeva: come è possibile pensare che sia giusto fare parti uguali, nell'illusione di essere onesti, tra persone e situazioni diseguali?

Io vengo spesso presentato come un prete rosso, comunista. Adesso che ho passato gli ottant'anni posso serenamente dire che anche la destra ha grandi valori, a cominciare dai principi liberali. La sinistra, nella scala delle priorità, mette in cima valori diversi. E tutti possono insegnare qualcosa agli altri.

Se mi chiedono: don Gallo, lei è comunista? Io dico semplicemente che non lo sono. Ma la scomunica ai comunisti all'indomani della guerra è stata male interpretata e male applicata. Il testo latino diceva che erano colpiti quelli che abbracciavano nella sua piena sostanza il materialismo ateo. Invece tanti padri di famiglia, in quei giorni, si sentivano in colpa solo per aver votato Pci. No, il problema non è la croce che si mette sul simbolo della scheda elettorale.

E si ritorna, inevitabilmente, al mio marciapiede. A chi incontro per strada non chiedo se è di destra o di sinistra, se è gay o eterosessuale, se ha studiato o no. A qualcuno potrò magari insegnare l'italiano, loro mi insegnano la vita.

Movimentismo e qualunquismo

Il qualunquismo è sbagliato, la classe politica siamo noi che la votiamo. E il consumismo figlio degli anni Ottanta è l'antivangelo più terribile: ci alziamo al mattino e pensiamo solo a quello che ci è dovuto. Io sono sempre pronto a scendere in strada per le battaglie che ritengo giuste, ma i comitati spontanei non nascono mai in difesa, sono sempre contro qualcosa. Ecco, questo secondo me non può portare lontano.

Non credo sia qualunquistico dire che ognuno dovrebbe pensare per prima cosa a quello che può fare lui, cominciando dalle persone che gli sono più vicine. Iniziare a chiedersi: cosa posso fare per mia moglie o mio marito, per il mio condominio, per il mio quartiere, per la mia città. E via via: per la mia regione, il mio Paese.

La globalizzazione e l'antropologia ci hanno fatto prendere coscienza che apparteniamo tutti a una stessa famiglia umana, allora bisogna che ognuno vada avanti e se lo chieda, allargando sempre più lo sguardo: cosa posso fare per i miei fratelli e sorelle del mondo?

È necessario iniziare a pensare alla dimensione locale per arrivare a pensare alla dimensione globale, senza pretendere di fare cose straordinarie. È la politica dei piccoli passi che porta lontano: se ognuno di noi imparasse a rivolgere qualche sorriso e qualche saluto in più agli altri, magari all'interno del proprio condominio, al vicino di casa, sarebbe già un bel passo avanti lungo la strada della comprensione reciproca.

Il cardinale Siri

Voglio rivelare un segreto, perché tante volte si è detto che il cardinale Giuseppe Siri, papa mancato, mi aveva messo in mezzo alla strada. È vero, era stato lui a mandarmi via dalla parrocchia del Carmine dove ero curato perché in Curia erano arrivate voci contro un prete che, si diceva in quei giorni post-Sessantotto, faceva politica invece di occuparsi della sua gente. Ma è altrettanto vero che proprio Siri è stato il primo benefattore della comunità San Benedetto: fu lui, con una generosa offerta in denaro, a permettere la partenza delle attività.

L'ordine di trasferimento, con l'intimazione di consegnare le chiavi del mio alloggio e della chiesa, mi arrivò il 1° luglio 1970. E, di fronte a una lettera del mio vescovo, cosa potevo fare? Feci quello che mi veniva chiesto, restando in attesa di destinazione, e nel frattempo andai a vivere dai miei vecchi. Non ero stato né sospeso né ammonito. Ma passa un mese, ne passano due. E la nuova collocazione in parrocchia non arriva. Infine, anche dietro l'incoraggiamento di alcuni amici, un giorno decido di presentarmi in Curia.

Siri mi accoglie nel suo ufficio. Va bene, c'erano i miei genitori che mi aiutavano, ma la dignità? Lui mi fa cenno di entrare.

«Eminenza, passano i mesi e io sono senza un incarico e

senza uno stipendio, mi faccia due righe così vado all'economato per avere un piccolo aiuto.» No, mi risponde in genovese come faceva nei colloqui informali, se ghe l'ho, te li do io i soldi di cui hai bisogno... E tira fuori dalla tasca della veste un portafogli enorme, all'antica. E da quello una prima banconota. Io forse quella banconota non l'avevo mai vista dal vivo: centomila lire del 1970. E continua. Tira fuori un'altra banconota. E poi un'altra ancora. Trecentomila lire, poi si alza senza una parola e con un gesto di commiato mi accompagna all'anticamera.

Sono già mezzo fuori e lui, sulla porta, bisbiglia: non lo devi dire a nessuno...

«Eminenza, a me piace parlare. E poi vivo in casa con i miei vecchi, è mia mamma che mi mette a posto i pantaloni. Se vede il portafogli così pieno cosa penserà?» E lui: le dirai che hai vinto un terno al lotto....

Scesi le scale, ancora non potevo crederci. Avevo avuto, dalle mani del mio arcivescovo, il primo finanziamento per la comunità San Benedetto.

Siri nel corso della sua vita sarebbe venuto solo altre due volte a trovarci. Ma, che ci considerasse comunisti o no, non solo non ci aveva mai proibito di nascere ma ci aveva dato un aiuto decisivo.

Cosa pensava veramente della nostra comunità? So per certo che una volta, parlando con il sindaco Cerofolini, gli disse: quel don Gallo, con i giovani, è come il cacio sui maccheroni... Fulvio me lo raccontò solo a distanza di anni, dopo la morte del cardinale, ma era una indicazione pastorale: un prete deve saper parlare a tutti. E non solo a chi frequenta le chiese e le sacrestie.

Dopo Siri, nel corso della vita della comunità, ho visto passare altri quattro cardinali: qualcuno ci ha fraternamente ripreso su qualche punto del nostro agire, ma molte più sono state le attestazioni di stima. E nessuno ci ha mai impedito di andare avanti.

Il sigaro

Il mio medico ha rinunciato a dirmi che non dovrei fumare, ci ha provato per anni. Senza risultato. Perché il toscano è qualcosa più di un'abitudine, è un modo per stabilire un contatto con il mio passato e i miei vecchi, mi aiuta a meditare e anche a pregare.

Fu uno zio carrozziere a Campo Ligure che mi trasmise questo amore: io quando trascorrevo le mie vacanze di bambino in campagna, invece di andare a giocare con altri ragazzini, andavo con lui sul carretto trainato dai cavalli. Percorrevamo chilometri di strade talvolta dissestate: Genova, il Turchino, Ovada... Nelle osterie, dove facevamo tappa, tutti fumavano il toscano. Non c'erano divieti come adesso. E poi sono sicuro: già quando ero nella culla e mio zio venne a trovarmi per la prima volta, non lo spense di sicuro, il suo sigaro.

Da quando entrai nei salesiani come novizio, nel 1948 e fino al '64, non mi fu più possibile fumare. Così, quando lasciai l'ordine di don Bosco per entrare nella chiesa diocesana genovese come sacerdote, per prima cosa mi accesi un sigaro.

Mettiamo subito in chiaro: gli unici sigari, per me, sono i toscani. Posso magari avere simpatia per i cubani. Fui molto contento quando il cardinale Tarcisio Bertone, tornando da Cuba, venne a visitare la nostra comunità e me ne portò uno in dono. Io da allora quel cubano lo tengo da parte come un caro ricordo. Ma non l'ho mai fumato e non lo fumerò mai. Se lo facessi, sarebbe come tradire i miei toscani.

Un amore sfiorato

Da ragazzo, avrò avuto 17 anni, vissi il mio primo amore platonico, mai consumato. Fu una storia chiara, bella, pulita. Letizia era di Certosa e aveva forse un anno meno di me: era mora con gli occhi neri, camminavamo insieme per ore. Adesso posso dire che anche quell'incontro mi aiutò a fare la scelta che ha segnato la mia vita: l'ingresso nella famiglia salesiana.

Allora io pensavo soprattutto allo sport, ero appena diventato ufficialmente arbitro di calcio e passavo gran parte del mio tempo libero tra i campi e la palestra.

Lei amava ballare e avrebbe magari voluto che l'accompagnassi in qualche balera di paese. Così un giorno mi prende in disparte: sai, devo dirtelo, mi sono fidanzata con il ragazzo che mi ha accompagnato l'altra sera...

Non la presi troppo male: ero contento per lei. E, in fondo, forse avevo già deciso che avrei preso un'altra strada.

Il G8 a mente fredda

Adesso, a distanza di anni, resta il senso di un'occasione perduta. Ma allora credevamo davvero che, da Genova, potesse iniziare un cambiamento globale.

Anche la Chiesa, in quei giorni di luglio del 2001, era in prima linea. Come non ricordare lo slogan che aveva unito i rappresentanti di tante associazioni cattoliche arrivate da tutta Italia? «Sentinelle del mattino, guardiamo il G8 negli occhi.» I problemi, piccoli o grandi che siano, non vanno mai evitati, bisogna affrontarli. Guardarli negli occhi, appunto.

Io, quando sono in mezzo ai giovani, mi sento giovane, anche adesso che sono diventato "il vecio". Sì, anche in quell'occasione avevo scelto di stare in strada, mentre a Sant'Antonio di Boccadasse, la chiesa dei francescani affacciata sul mare, altri religiosi, preti e suore, erano riuniti a riflettere e pregare. Suor Patrizia Pasini, una mia lontana parente, invitava al digiuno. Eppure anche là a Boccadasse c'erano tanti giovani che partecipavano, in modo solo apparentemente diverso da chi sfilava in corteo, a quelle giornate di speranza.

Io amo l'entusiasmo, l'emozione che anima tutti i movimenti di folla. Ma il 20 luglio 2001 quell'entusiasmo è stato spento ed è diventato dolore e rabbia. Poi è cresciuta l'indifferenza. E questa è il peggio del peggio

I processi per i fatti del G8 ormai sono conclusi, eppure c'è ancora molto da capire. Chi erano davvero le persone nascoste dietro i black block infiltrati tra centinaia di migliaia di manifestanti che rivendicavano un mondo migliore e più giusto? Sia chiaro, condividere le ragioni di un movimento non significa approvare tutto quello che fa. E chi ha avuto responsabilità nei disordini doveva costituirsi, non nascondersi. Ma se anche quei disordini fossero imputabili a trenta oppure trecento persone su trecentomila, non possono cancellare il messaggio lanciato al mondo da chi ha sfilato pacificamente.

La stragrande maggioranza delle persone che erano in piazza, in quei giorni di luglio, era lì per porre una domanda molto semplice ai signori del G8. Lo chiedeva in vari modi, con modalità diverse, ma il senso era uno solo: vi sembra possibile che l'unico mondo possibile sia il vostro?

E incalzava: voi, potenti della terra, adorate la divinità idolatrica del mercato e dei soldi, la tecnologia come valore assoluto, la deterrenza totale come strumento per paralizzare le aspirazioni del mondo. Per voi, se il nemico non c'è, va costruito.

Era un grido forte, pacifico. Ma è stato schiacciato.

Genova

Sono genovese fin dentro le ossa, dai miei vecchi ho imparato il dialetto e l'amore per la mia città. Anche se Genova oggi è una nobile decaduta, la speranza che rialzi la testa rimane viva. Il porto antico che si è aperto alla città è una grande cosa, deve essere un punto di partenza. Le radici solide di accoglienza antica devono e possono sposarsi con la tradizione cristiana che inizia già nei primi secoli dell'era moderna con lo sbarco dei primi evangelizzatori, i santi Nazario e Celso.

Genova sembra addormentata, ma io vedo che il fuoco cova sotto la cenere, basta saperlo individuare. Bisognerebbe trovare il coraggio di dare maggiori opportunità ai giovani che chiedono, prima di tutto, formazione a tutti i livelli e lavoro. A volte vorremmo essere una metropoli. E non lo siamo.

Ben venga anche il vernacolo ma senza farne una bandiera e senza localismi. Genova è Janua, porta: se la guardate su una cartina, sembra avere braccia immense pronte all'accoglienza. Nel Seicento c'erano sei minareti ad accogliere gli stranieri che venivano dall'Oriente. Oggi, i tempi sono cambiati. Ma perché si dovrebbe negare ai nuovi immigrati quella che già era una pacifica presenza in città?

Io, papi e Berlusconi

Io devo proprio denunciare Berlusconi per appropriazione indebita. O quantomeno chiedergli i danni. Perché "papi" è un titolo che le nostre ragazze straniere mi avevano riconosciuto già quarant'anni fa, beninteso con un significato molto diverso: credo sia capitato già con le prime tossiche che si prostituivano, ora con le straniere è normale.

È capitato non molto tempo fa, durante un'uscita notturna con la nostra unità di strada. Si avvicina una ragazza nigeriana: don Gallo aiutami, dammi qualcosa, faccio questo lavoro per aiutare i miei cinque fratellini che sono rimasti al villaggio. Ma stasera è andata male.

«Se mi prometti che glieli mandi davvero...»

Metto la mano in tasca e vengono fuori trenta euro. Lei si mette a saltare sprizzando gioia e quasi non ci crede: papi papi papi... lo sai papi che, con trenta euro, i miei fratellini al villaggio in Nigeria mangiano per un mese e mezzo?

Ditemelo voi: come potrei non sentirmi più ricco, dopo questi incontri?

Sessualità e Aids

Una volta ho chiesto a un altro sacerdote: ma la sessualità è un dono di Dio o di satana? Di Dio, mi ha risposto. Aveva ragione, è un dono grandissimo.

E allora bisogna rispettarla. E non limitarsi ai divieti che hanno il solo risultato di lasciare un mucchio di vittime per strada.

L'Aids uccide ancora e il profilattico è la sola barriera per tante persone: una barriera magari fragile, ma è tutto quello che abbiamo. Negarla e colpevolizzare chi frappone quella barriera tra sé e il contagio è un crimine.

La mia preghiera

Mi sveglio molto tardi, ancora più che in passato. E quando mi alzo dal letto, avviandomi alle scale che dalla mia stanzetta portano verso la chiesa di San Benedetto, faccio come i salmisti e canto. Canto bella ciao:

«Una mattina mi son svegliato...»

Poi scendo, vado in chiesa, prendo il breviario e leggo i salmi. E la preghiera continua.

«Dammi la forza di essere un buon uomo, cristiano, prete, coordinatore della comunità.»

E poi ancora: «Non violento e antifascista».

Io l'empietà del fascismo l'ho vissuta. Ho visto concretizzarsi l'ideale folle di una razza che si sente superiore e, per questo, crede di essere chiamata a governare gli altri.

E, da cristiano e prete, prego perché questo non accada mai più.

Il cardinale, la lingua e il bollito

Spesso sono stato presentato come un prete ribelle, soprattutto quando ero giovane. Forse lo sono anche stato, un po' ribelle. Ma non alla mia Chiesa: a volte ribelle alle ingiustizie, d'istinto, senza calcoli. Il cardinale Bagnasco, quando è venuto in visita alla comunità, ha pranzato con noi. E quando è arrivato un piatto di bollito me l'ha detto: a volte, la lingua bisogna saperla anche mordere...

Credo che abbia ragione lui e ne ho fatto tesoro, quando mi sono morso la lingua non ho mai avuto motivo di pentirmene. Ma come diceva Govi: a volte ti prende uno sciuppun de futta...

Il mio battesimo

Io ovviamente non lo posso ricordare, ma il momento del mio battesimo è stato già un segno. Perché non mi battezzò il mio parroco e nemmeno un prete di passaggio: fu invece un laico dichiaratamente massone e non credente, il professor Ugo Erede, che in Liguria ha fatto scuola ai grandi medici. Il mio era stato un parto difficilissimo, chiamarono quel luminare come ultima speranza quando sembrava che né mia madre né io dovessimo farcela. Mi tirò fuori col forcipe e, vedendo un Crocifisso in stanza, capì che i miei erano cattolici e consigliò di battezzarmi subito. Visto che un prete non c'era, mi battezzò lui. A volte ci penso: che sia stato un segno?

Io e don Baget

Ai tempi della guerra partigiana, avevo sedici anni, io e Baget eravamo nella stessa brigata cattolica comandata da mio fratello Dino. Poi Gianni avrebbe fatto scelte molto diverse: fondò un gruppo politico che si chiamava Ordine civile, fu eletto in consiglio comunale, nel giugno del 1960 si schierò apertamente con Tambroni. Quando divenne sacerdote, non più giovanissimo, io ne rimasi un po' stupito. E poi sarebbe stato ancora socialista e berlusconiano di ferro.

Le nostre sono state strade diverse, non ci sentivamo mai. Però l'ultima volta che ci incontrammo prima della sua morte me la ricordo bene. Sì, quella volta ci abbracciammo.

Nel mirino dei giudici

Questa comunità è aperta a tutti, da sempre. Quando, nel maggio del 1979, il generale Dalla Chiesa portò a termine una maxi operazione negli ambienti della sinistra di Genova, disponendo perquisizioni, fermi, controlli e una ventina di arresti a persone accusate di "fiancheggiamento" delle Brigate Rosse, dopo l'uccisione di Guido Rossa, io so per certo che ero tra quelli nel mirino dei giudici.

Mi furono poi dedicate cinque pagine nella relazione parlamentare della Prima Commissione politica sul terrorismo.

La mia personale convinzione è che in quell'occasione sia stato Siri a opporsi al mio arresto: per poter incarcerare un sacerdote, infatti, doveva essere necessariamente avvertito prima il suo arcivescovo.

Ma c'è anche un altro episodio che voglio ricordare: ai tempi dell'offensiva delle Brigate Rosse, a San Benedetto avevamo un "deposito bagagli" per aiutare chi non aveva una casa. E le Br avrebbero potuto benissimo usarlo per nascondere armi e esplosivo. Era un nascondiglio perfetto, sicuramente nessuno avrebbe controllato. Ma non lo fecero mai. Una volta, invece, venne a sfogarsi da me un giovane disperato, in lacrime: erano gli anni di Franco, la Spagna era un simbolo della destra. E dietro alla stazione di Principe erano in sosta alcuni pullman spagnoli arrivati in città per chissà quale ragione.

Quel giovane era membro di un gruppo di autonomi che aveva deciso e messo in atto un'azione dimostrativa; avevano lanciato delle molotov contro quei pullman e poi si erano allontanati indisturbati. Io gli dissi quello che un prete deve dire.

«Avete fatto male, ma non ti disperare così, sono certo che non avete ferito nessuno.»

Ero convinto che le sue lacrime fossero di pentimento. Ma lui mi corresse subito: no, non è questo. Il fatto è che non c'erano molotov per tutti e abbiamo dovuto estrarre a sorte chi avrebbe lanciato le bottiglie incendiarie. Lui non era stato scelto: per questo non riusciva a trattenersi dal piangere.

Non so perché quel giovane si trovò sulla mia strada, perché mi volle parlare. Ma non se ne andò via come era arrivato: anche quella fu un'occasione per aprire un dialogo.

Abbiamo fatto molta strada, in quarant'anni di vita della comunità. Sono stati anni pieni di speranze e gioia, delusioni e rabbia. E son cambiate molte cose.

Ma il marciapiede di via San Benedetto è ancora uguale, è dentro di noi.

UN PRETE DA MARCIAPIEDE

Rassegna stampa di trent'anni fa, luglio 1970: "La repressione del cardinale Siri contro un prete del dissenso"; "Cresce la frattura tra la chiesa della stola e quella dei poveri" («il Lavoro»); "Protesta di fedeli contro Siri" («l'Unità»); "Che preti terribili" («l'Espresso»); "Manifestation contre l'archeveque de Gênes" («Le monde»); "Un registratore ha tradito il prete scomodo" («Panorama»); "A don Gallo vietato il 'no'" («Il Secolo XIX»).

Cosa era successo?

Malgrado ogni logica, a scatenare un putiferio finito ben oltre i confini della sua piccola chiesa, nel centro storico genovese, era stato soltanto un prete poco più che quarantenne, il curato della parrocchia del Carmine don Andrea Gallo, fino a quel momento sconosciuto ai più.

Per don Andrea, cacciato dal cardinale Siri per i suoi modi informali e poco ortodossi («Predicavo col Vangelo in una mano e il giornale nell'altra, un piede sulla strada e uno in chiesa») si era mobilitato un quartiere e le immagini di quella rivolta spontanea avevano fatto il giro d'Italia, varcando anche i confini nazionali.

C'è una foto simbolo di quel giorno: don Andrea con un megafono in mano, circondato dalla folla. Quella folla lo avrebbe seguito negli anni, dalla cacciata dal Carmine sarebbe nata una comunità nuova, accolta nei locali della chiesa di San Benedetto da un prete senza pregiudizi, don Rebora. Una folla simile, ragazzi senza più l'eskimo ma identici nei sogni e nelle aspirazioni, ha scelto don Gallo come riferimento nel 2001: nei giorni confusi del G8 genovese la comunità di San Benedetto è diventata un luogo di aggregazione della contestazione pacifica aderente al Genoa Social Forum. E un'umanità sempre più vasta, che oggi non può più essere "catturata" da un fotogramma, continua a seguirlo anche attraverso i mass media tradizionali (che se lo contendono come opinionista capace di bucare gli schermi) e Internet.

La storia di don Andrea Gallo, a distanza di trent'anni, deve essere ancora scritta, partendo da un dato di fatto: il prete "ribelle" – per qualcuno il "prete dei tossici", per altri il "prete dei poveri" – lavora da una vita con metodi molto personali, ma in tutto questo tempo ha strappato centinaia di ragazzi alla strada, ha ridato fiducia a giovani donne che battevano il marciapiede, e soprattutto ha cercato sempre di mantenersi fedele alla sua Chiesa, criticandola ma chinando sempre il capo di fronte a critiche pastorali, correzioni formali, inviti alla prudenza.

C'è una vicenda emblematica di questa obbedienza di un uomo che cerca la strada giusta da percorrere: il caso sollevato da un'intervista al quotidiano genovese «Il Secolo XIX» alla fine del 1998, quando don Andrea, interrogato sulla politica del Comune di Genova nella lotta alla prostituzione da strada, rivelò con disarmante semplicità un segreto fino a quel momento conservato con cura: «È assurdo che il Comune mandi i vigili del fuoco e la polizia per spegnere i falò che tante prostitute accendono la sera per scaldarsi,» disse «per strada si muore di freddo, noi facciamo tutto il possibile per aiutare queste ragazze e altri le trattano così. Io, per aiutare alcune ragazze che erano rimaste incinte e avevano deciso di non tenere il bambino perché altrimenti i loro protettori le avrebbero fatte abortire a calci, le ho persino accompagnate in ospedale per l'interruzione di gravidanza».

Apriti cielo: un prete abortista? Don Gallo, a cui il giornalista aveva fatto presente i rischi di quell'affermazione, venne travolto da una polemica feroce. Una polemica, probabilmente (anche se don Gallo forse non lo ammetterà mai) cercata volontariamente, per attirare l'attenzione dell'opinione pubblica su un problema che il sacerdote dei vicoli sentiva sulla sua pelle.

Don Gallo è un prete che si pone degli interrogativi, ma non è un prete abortista. Comunque, è un prete tout-court: pronto ad ammettere, con i suoi molti dubbi, che se la Chiesa ufficiale difende la vita fin dal concepimento, il suo compito pastorale è invitare i fedeli a difendere anche le vite nascenti.

Ma don Gallo è anche un uomo che vive sulla strada e accoglie nella sua comunità credenti e non credenti, italiani e stranieri, cattolici, musulmani e atei. Persone vive e concrete. «Io posso dire a una ragazza: tu puoi fare questo, la Chiesa ti invita a fare questo,» ripeteva don Gallo in quei giorni di polemica «non posso dire a nessuno: "tu devi". E se la scelta ultima è diversa da quella che un prete deve consigliare, io non posso lasciare nessuno al suo destino, lavarmene le mani. Il mio dovere è aiutarlo comunque.»

Questa è la storia ufficiale di quella vicenda che ebbe risonanza alla televisione e sui giornali, fece parlare e discutere e non è mai finita: da allora, don Gallo ha scritto e pubblicato altri libri ed è diventato un protagonista (anche) televisivo e un one man show sulla ribalta teatrale.

Ma la storia non scritta di quel giorno è quella di un sacerdote in viaggio per Roma, diretto a un talk show televisivo dove dovrà presentare la sua verità davanti a un cardinale, Ersilio Tonini, e a numerosi sacerdoti presentati come "preti da strada" e "preti da sacrestia". Un prete teso, visibilmente nervoso, che si tormenta le mani e racconta il suo passato a un cronista. «Io sono fedele alla mia Chiesa» disse quel giorno don Gallo «perché la amo e perché mi sento sacerdote fino in fondo, se mi diranno che ho sbagliato sono pronto a chinare la testa.»

Il talk show si concluse con un pubblico abbraccio del cardinale Tonini a don Gallo. Il prete uscì dagli studi con un largo sorriso e una ammissione. «Ero preoccupato, certo. Il cardinale ha capito, non mi ha accusato. Io sono nella Chiesa e voglio camminare con la mia Chiesa.»

Don Gallo da quarant'anni cerca la polemica, cammina per la sua strada portando avanti idee non sempre allineate con quelle della gerarchia, si batte per la legalizzazione delle droghe nel nome della "riduzione del danno" e non per lassismo («Il proibizionismo non ha portato a niente»). Dorme poche ore per notte e non va mai a letto prima delle cinque del mattino, accoglie tossicodipendenti e prostitute.

È uno al quale può capitare di essere assalito da un malintenzionato per rapina, e difeso da un nordafricano che fa a pugni per lui e poi dice: «Per me Allah al primo posto, don Gallo al secondo». Ma non è il ribelle che può sembrare e la definizione di "prete dei tossici" gli sta stretta. Lui, come centinaia di sacerdoti che in tutta Italia lavorano nel silenzio, è un prete e basta, più inquieto e meno sicuro delle convinzioni che altri considerano intangibili.

Un prete che cerca da sempre la strada della verità. Ma intanto si guarda intorno per tendere la mano a chi, sulla stessa strada, si sta perdendo.

Bruno Viani

I
Il sacerdote del campetto

Chi si dovesse imbattere per caso nella storia personale di don Andrea Gallo potrebbe avere la sensazione di essere di fronte a uno dei tanti preti di periferia che ogni giorno lavorano e soffrono per mandare avanti, nel migliore dei modi, una parrocchia. La sua vita, d'altra parte, sembra svolgersi tutta in un fazzoletto di terra: nativo di Sampierdarena, quartiere del ponente operaio genovese, don Gallo ha passato gli ultimi trent'anni in una piccola chiesa ai margini della città, San Benedetto, a meno di un chilometro dalla sua casa natale.

E invece no. In quel chilometro tra la periferia e il porto c'è la vita di una comunità composita che, da tre decenni, è speranza e punto di riferimento per un'umanità ai margini, ma anche ritrovo di artisti e intellettuali, politici e gente comune, tutti affascinati dalla figura del prete di Sampierdarena. San Benedetto è diventato il centro di un piccolo mondo che si concentra in quei pochi metri, lotta e soffre. «La nostra non è una comunità per tossicodipendenti,» dice il prete «è una comunità e basta, aperta a tutti. Fino a qualche mese fa c'era tra gli ospiti anche un centenario che è morto serenamente in mezzo a noi, ci sono portatori di handicap, persone che hanno voglia di dare una mano.»

Agli occhi freddi degli estranei don Andrea è quasi un'icona della città vecchia, con l'eterno sigaro stretto fra le labbra. Per chi lo cerca quotidianamente (madri di giovani che sembrano perduti, tossicodipendenti che cercano di uscire dalla droga, ragazze che battono il marciapiede contro la loro volontà) la porta di San Benedetto è invece un punto di approdo e di partenza. Per continuare a sperare.

Don Andrea, cominciamo dall'inizio. Perché lei, anche se continua a lavorare 365 giorni all'anno insieme ai suoi ragazzi e si confonde con loro, appartiene a una generazione diversa. Quella che ha fatto la guerra...

Sono nato a Sampierdarena nel 1928, il 18 luglio. I miei venivano da Campo Ligure, il paese della filigrana della Valle Stura. Mia mamma Maria Tomasina era casalinga, mio papà Francesco era cantoniere delle Ferrovie dello Stato nel tronco di Sampierdarena. Il suo lavoro era duro, sulla linea, non stava mai fermo. E nel lavoro mi portava spesso con sé, perché noi come familiari avevamo il privilegio dei biglietti gratis. Ma a me piaceva soprattutto vedere il movimento all'ingresso della stazione. Potevo passare ore a guardare i treni in movimento, la gente salire e scendere.

I primi ricordi?

Oggi, che ho largamente passato gli ottant'anni, ho piccoli flash. Ricordo mia mamma che, come si usava allora in queste famiglie che diremmo povere, faceva tutte le mattine la sua piccola spesa, cercando tra i negozi i prezzi più bassi. Io andavo con lei. E allora il formaggiaio mi dava un pezzettino di formaggio, sul mercato mi davano una pera o una mela. I negozianti vedevano questo bambino di quattro o cinque anni e inevitabilmente si intenerivano. Ma il primissimo ricordo è un altro: è il rifiuto totale della scuola materna. Nella mia parrocchia c'era un buon asilo, tenuto dalle suore. I miei cercarono di mandarmi lì, come avevano già mandato mio fratello, ma io come arrivavo davanti alla porta me ne andavo. La mia mamma, con tanto buon senso, accettò questa ritrosia finché venne il momento di andare in prima elementare.

Com'era la famiglia di Andrea Gallo?

Mio papà era un artigliere da montagna grande e grosso, classe 1895, a vent'anni era ancora semianalfabeta e il 24 maggio del 1915 era già al fronte agli Altopiani di Asiago. Era un semplice e un gran lavoratore, ha vissuto fino a novant'anni. E al sabato ci stava anche una bella bevuta da buon alpino. Lo ricordo come una sorta di indio, un primitivo. Ma era anche una persona pacifica e rispettosa della religione.

E la mamma?

La mamma era diversa, partecipava attivamente alle attività della parrocchia. Un giorno il cardinale Tettamanzi mi chiese dove avevo frequentato i corsi di teologia e se ricordavo qualche docente. Io di fronte a quella domanda a bruciapelo rimasi un momento perplesso, provai con difficoltà a cercare tra i ricordi di anni accademici pesanti. Stavo per dire che i nomi mi erano passati di mente, ma mi corressi: mi ricordo una docente, risposi lasciandolo perplesso, perché non ci sono donne a insegnare nel seminario. La mia mamma, aggiunsi subito. Una persona che è arrivata all'età di novantanove anni e mezzo e nel corso di tutta la vita mi ha trasmesso quell'essenzialità del Vangelo che aveva ricevuta, a sua volta, da mia nonna.

Cosa è questa essenzialità?

È l'opzione per i poveri. Noi siamo nati poveri, vogliamo stare dalla parte dei poveri e con i poveri. È un'esigenza primaria della giustizia. Me lo ha insegnato lei e me lo ha ripetuto con le parole e con l'esempio fino alla fine, lucidissima, sul letto di morte.

E con Andrea Gallo bambino come si comportava? Molte delle sue scelte di vita sono state controcorrente, difficili da accettare per una madre.

All'epoca della mia infanzia mamma era preoccupata soprattutto per la mia ritrosia ad andare all'asilo. Diceva: stai a vedere che a sei anni non vuole andare a scuola. Ma io avevo un bravo amichetto, che al momento di entrare in prima elementare era entusiasta. Lo ricordo bene, Adriano Guerrini: è stato poi impiegato per molti anni al Monte dei Paschi e ricordo che al momento di assumerlo chiesero a me, in via segreta, delle referenze. Io non potevo parlarne che bene e raccontai che era la persona che tanti anni prima mi aveva convinto ad andare a scuola: al Regina Elena di Certosa, scuola statale elementare. Non so se quella referenza servì a qualcosa, ma il posto glielo diedero.

È il ritratto di una infanzia serena, ma poi quelli della sua generazione hanno vissuto gli anni della gioventù nel ventennio fascista. Tra retorica e venti di guerra.

È stata anche la mia gioventù, e proprio questa convinzione di essere stato educato male sarebbe stata decisiva, anni dopo, per la scelta di entrare in seminario. Dopo le scuole medie entrai all'Istituto nautico e lì ebbi una formazione clerico-fascista, fatta per inculcare nella mente dei giovani i concetti di nazionalismo e colonialismo. Ricevevo lo spirito della difesa della patria e, nello stesso tempo, vivevo l'euforia della conquista coloniale, suggestionato dalla propaganda. Al tempo della conquista dell'Etiopia, in classe mettevamo le bandierine su una carta geografica appesa al muro per seguire l'avanzata: Amba Alagi, poi l'entrata a Addis Abeba.

Credeva nell'ideale fascista?

Certo, ero un giovane e mi avevano allevato in quel clima. Mi sembrava di vivere una grande avventura. Ricordo un particolare: nel mio condominio, un edificio in fondo a via Walter Fillak a Sampierdarena abitato tutto da ferrovieri, l'unico che aveva la radio era il sorvegliante dei cantonieri, un certo Enrichiello. Le scale del palazzo erano molto ampie, un giorno Enrichiello aprì la porta di casa e alzò al massimo volume la radio. E tutto il condominio rimase ad ascoltare il discorso di Mussolini per l'entrata in guerra. Lo ricordo bene quel giorno, e un particolare mi è sempre rimasto impresso. In quel momento, infatti, mi guardai intorno e vidi che tutte le mamme piangevano. Mi aveva colpito molto già allora, ma era una sensazione, non avevo capito fino in fondo cosa significava quel momento.

In famiglia come era vissuta l'avventura fascista?

Se ne parlava poco, mia madre non era mai euforica e mio padre non se ne interessava. Aveva il suo lavoro e la sua casa, era riluttante anche se nella sua semplicità non si poneva molti problemi. All'epoca i ferrovieri frequentavano il dopolavoro e la federazione, mi ricordo che lui fu richiamato più volte perché al sabato sera non si presentava mai con la camicia nera. Ma era un rifiuto istintivo, non una presa di coscienza. Una prima rivelazione di quello che stava accadendo l'ebbi quando al Nautico licenziarono il preside Levi soltanto perché era ebreo. Tutto l'istituto stimava il preside...

A pelle: cosa provava il giovane Andrea Gallo?

Io ero veramente trascinato dall'ideale di questa Italia grande che la propaganda mi presentava. Mio fratello fu uno dei cosiddetti studenti dichiarati volontari: studiava lettere, come tutti era iscritto alla Guf, la gioventù universitaria fascista. Partì nel genio pontieri come i ragazzi della sua età. Per me fu un momento emozionante.

Lei e suo fratello avete poi fatto scelte molto diverse, ma tutte e due nel segno dell'impegno. Uno nella politica locale, l'altro nella Chiesa. In quegli anni avevate occasione di parlarvi, confrontare le idee?

C'è stato un confronto via via che passavano gli anni, ma lui era di un'altra generazione, sei anni più vecchio, e a quell'età certe differenze si sentono. Anche nell'Azione cattolica eravamo sempre in gruppi differenti: non c'erano molte possibilità di dialogo. Ma ricordo che una volta, in tempo di guerra, arrivò a casa in licenza vestito da ufficiale: era in procinto di partire per la Russia.

È tornato, però. Più fortunato di molti altri.

Non è mai partito perché la sua compagnia venne dirottata all'ultimo momento a Milano, dove c'era stato un bombardamento devastante e il Genio doveva provvedere alla ricostruzione per permettere le comunicazioni. Ma quella licenza a casa fu importante, perché io credevo di trovare un ufficialetto orgoglioso e pieno di entusiasmo per la divisa che portava, invece rimasi colpito dal suo atteggiamento. Era scettico e fu il mio primo segnale di antimilitarismo. La conferma alla prima impressione la ebbi più tardi quando seppi che lui era diventato comandante partigiano. Eppure, all'inizio non capivo, ero trascinato dall'entusiasmo al punto che, contro la volontà di mia madre, decisi comunque di partire volontario.

Don Gallo, ma lei è del 1928. Era un bambino...

Avevo quindici anni e mezzo ma ero sviluppato, alla visita di leva avevo novanta di torace. Tutti dicevano: diventerà come suo padre artigliere. Mia madre invece era molto piccola, e presi un po' da tutti e due: la crescita si fermò. A quel tempo, comunque, nell'esercito prendevano anche i ragazzini, se volevano partire volontari.

E lei aveva deciso di partire per il fronte.

Sì, ero deciso. Frequentavo l'Istituto nautico, e allora cosa meglio di andare in Marina per dare un senso a tutte le mie frenesie? Mi arruolai malgrado l'ostilità di mia madre, matricola 09G45, la ricordo ancora adesso. Destinazione: la caserma San Marco di Venezia.

È lì quando arriva, l'8 settembre, la notizia della disfatta?

Ero a Venezia da qualche mese, insieme a gente più grande di me. E da quel momento gli avvenimenti si succedono rapidissimi. Dopo il '43 mio fratello entra in clandestinità, poi vengo a sapere che milita nelle formazioni partigiane come comandante. Non è che fossi legato in modo particolare a lui, ma in quei momenti sento crescere nel profondo dell'anima una ribellione nei confronti di chi è responsabile della guerra, avverto un bisogno di pace.

In quei momenti migliaia di soldati, giovani più o meno come lei, dovevano scegliere. Da una parte o dall'altra.

E sono momenti confusi. L'8 settembre sono in caserma, rimango per un breve periodo in attesa, cercando di capire qual è la cosa più giusta da fare. In un primo momento sembra persino che la Marina debba passare direttamente agli alleati, il discorso del nostro comandante dice: da questo momento non siamo più alleati dei tedeschi, il tedesco è il nostro nemico, siamo alleati degli alleati. E mentre pronuncia quelle parole c'è un cacciatorpediniere tedesco al fianco delle nostre imbarcazioni, nel porto. A pensarci adesso...

I tedeschi al fianco, l'esercito allo sbando e un fratello comandante partigiano. Qual è la sua decisione?

Lascio la divisa e la Marina anch'io all'inizio del '44, quando per strada c'erano i manifesti che dicevano che i disertori sarebbero stati passati per le armi. Ma giovane come ero, non avevo difficoltà: ai posti di blocco mi bastava mostrare la carta d'identità e passavo senza troppe storie. Il regime aveva richiamato alle armi la leva fino al primo semestre del '25 per formare l'esercito della Repubblica di Salò, io che ero del 1928 potevo essere benissimo uno studente.

E invece era in guerra. Un soldato di quindici, sedici anni.

Era guerra sì, e a volte l'età non contava. Una sera, sul Turchino, mentre eravamo in viaggio per raggiungere i parenti a Campo Ligure e per una missione delle Sap, ci fermarono i tedeschi a un posto di blocco, controllarono i documenti e un soldato con una pila osservò con attenzione la mia carta d'identità. All'improvviso, senza un motivo apparente cominciò a indicare me e a urlare come un furibondo. Io ero certo che non poteva ricordare il nome di tutti i disertori, i miei cercavano di spiegargli che ero un bambino. Fu a quel punto che il soldato tedesco tirò fuori i suoi documenti: lui era del '29, più giovane di me. Fu l'unica volta che ebbi davvero paura.

Perché non prese la strada della montagna, come tanti partigiani?

Ero un po' incosciente e un po' coraggioso, ma non sono mai andato in montagna. Facevo il jolly, il portaordini per la brigata Paolo Cozzo: un mio compagno di scuola che il 25 aprile rimase ucciso nell'esplosione di un cannone. Era una brigata Sap cattolica, comandata da mio fratello, il nostro riferimento era la chiesa della Certosa dove era parroco Secondo Chiocca, un bravo prete che poi divenne vescovo di Foligno e ausiliario a Genova, fu persino citato da Radiomosca perché ospitava i disertori nelle catacombe della abbazia certosina di San Bartolomeo. Era un luogo sicuro, anche perché prima delle perquisizioni una talpa della questura ci avvisava in tempo e si potevano sgomberare i locali.

Aveva un incarico preciso all'interno della formazione partigiana?

Facevo di tutto e mi rendevo utile perché, grazie alla mia età, potevo passare indenne ovunque. E nel mio quartiere, anche se tutti sapevano che ero un disertore e io d'altra parte non feci mai niente per nascondermi, nessuno mi denunciò. La brigata dove militavo rimase armata fino al referendum istituzionale del 1946. Pernottavamo al Metropol di piazza Fontane Marose, all'imbocco di via Luccoli. Eravamo una ventina e sui registri figuravamo come una squadra di calcio. In diverse occasioni ho fatto la guardia del corpo a Taviani quando veniva in piazza Santa Sabina, la sede della Dc. E ho avuto incarichi più spiacevoli, perché tutti i prigionieri tedeschi e fascisti fatti dai partigiani nella Valle Stura, oltre duecento persone, erano riuniti in un campo di concentramento nel chiostro della nostra chiesa. Era l'aprile del '45. Li avremmo poi consegnati ai primi di maggio agli inglesi allo stadio di Marassi, ma quel compito di sorveglianza non fu affatto facile.

Ci furono tentativi di fuga?

No, i problemi erano diversi. Dopo una settimana che i prigionieri ci erano stati affidati, arrivammo a un passo dallo scontro con un'altra formazione partigiana. C'era un cancello che chiudeva il campo, arrivarono due o tre garibaldini e chiesero che gli fossero consegnati il tale, il tale e il talaltro per passarli per le armi. Mio fratello chiese se avevano l'autorizzazione del Cln di Rivarolo, loro non l'avevano ma pretendevano ugualmente i prigionieri. Si arrivò armi alla mano.

A un passo dallo scontro tra partigiani?

Sì, e sul momento, vedendo la nostra decisione, quei garibaldini se ne andarono. Ma tornarono il giorno dopo con il permesso. I fascisti che volevano vennero fucilati nel Polcevera. Dopo qualche anno, in tempo di pace, ci fu anche il processo per quei fatti, a seguito della denuncia dei parenti dei morti. Non ho mai saputo come sia finito.

Poi arriva la pace e bisogna mettere da parte le armi e ricominciare.

La pace arriva che ho diciassette anni, all'improvviso mi sento rinato, finalmente libero. Mi sento come uno che è stato educato male e deve recuperare il troppo tempo perduto. Per farlo mi butto nello sport e curo le squadre di ragazzini nell'unione sportiva della parrocchia. E incontro, giocando, la squadra del don Bosco e un salesiano, don Pietro Doveri di Pisa. Spogliatoi, campi, e mi nasce questa grande domanda.

Vuol dire che la sua vocazione nasce sui campi da calcio?

Sì, vedendo come questo prete si rapportava con i giovani. C'è una lettura per me fondamentale in quegli anni, un libro di Igino Giordani intitolato *La rivolta cattolica*. L'avevo meditato nel periodo della clandestinità, diceva che la guerra aveva certamente provocato danni materiali enormi, ma nessuno avrebbe mai potuto calcolare i danni fatti dal nazifascismo nelle coscienze. Io ho detto: se questo prete si rapporta in questo modo coi giovani, chissà che non lo possa fare anch'io, dare ai ragazzi di oggi la possibilità di scoprire le loro potenzialità. Fu per questo che chiesi di entrare nei salesiani.

Appena tornato dalla guerra, ripartiva per una missione diversa. Come venne accolta in famiglia la decisione?

Quando a diciannove anni dovetti dire a mia madre che avevo scelto di entrare in seminario, lei si mise le mani nei capelli. Conosceva la mia attività frenetica sempre in mezzo alla strada. Non era contraria, ma ancora dopo tanti anni – lei morirà all'antivigilia di Natale del '94 – diceva: era tuo fratello che doveva farsi prete, non tu. Perché lui, al contrario di me, è sempre stato preciso, ordinato. Più inquadrabile in una struttura gerarchica come è la Chiesa.

E come reagiscono i religiosi ai quali, in quegli anni, confida il suo desiderio? La incoraggiano o mostrano perplessità?

Per prima cosa vado dal mio parroco, Secondo Chiocca. Mi apro, confido le mie intenzioni e le motivazioni che mi hanno spinto. Risponde che va bene benché anche lui, conoscendomi ed essendo al corrente delle mie innumerevoli birichinate, si mostri in principio un po' perplesso. All'epoca frequentavo il primo corso per arbitri di calcio a Genova al grattacielo, ricordo ancora: era al ventunesimo piano. Ed ero stato promosso. Avevo altre idee, dedicavo gran parte del tempo alle esercitazioni ginniche e avevo forse anche qualche talento calcistico.

Don Gallo, a quell'età forse aveva anche la prospettiva legittima di formarsi una famiglia. Era fidanzato?

Più che una fidanzata avevo un'amica del cuore, contrarissima prima alla partenza in marina, poi all'entrata in seminario. Quella donna l'ho ritrovata dopo tanti anni, si è sposata e sua figlia ha avuto problemi di droga, ogni tanto viene nella nostra comunità. Ma soprattutto, all'epoca, ero preso dall'attività sportiva e dalla convinzione di dover fare qualcosa per i giovani. Per questo col mio caro curato don Bertorello, avevamo messo su una polisportiva, c'era anche il ring per il pugilato e il gruppo ciclistico. Mi trovai a partecipare anche alle attività degli scout cattolici dell'Agesci, anche se non ne facevo parte: mi misero una divisa e nel 1946 partecipai a Centocelle al primo campo nazionale.

Tutto lasciato alle spalle per una scelta diversa: il sacerdozio.

Ma fu una scelta molto concreta, io volevo seguire l'esempio di quel prete che avevo conosciuto su un campetto da calcio: una persona che mi appariva fantastica perché cercava di insegnare ai giovani i valori che la guerra sembrava aver cancellato. Per questo il mio parroco, don Chiocca, ascoltate con attenzione le mie intenzioni, mi mandò ai salesiani di Sampierdarena che mi accolsero per l'aspirantato. Ripresi i libri in mano e non fu facile. Nella scuola media inferiore che avevo frequentato per quattro anni si studiava il latino ma il greco no, così io dovetti iniziare dalle basi come uditore per apprendere le prime nozioni.

Ricominciare a studiare dopo l'ubriacatura della guerra e esperienze molto diverse da quelle dei banchi di scuola. Servivano motivazioni forti...

Le avevo, avevo fatto la mia scelta. Il mio obiettivo era diventare prete come don Doveri, il sacerdote del campetto. E come don Bosco. Volevo stare coi giovani perché sentivo che la mia educazione era stata falsata, danneggiata. Così la mia strada a vent'anni sembra tracciata: i salesiani mi accettano e l'estate del 1948 entro al noviziato a Varazze, dopo un anno faccio la prima professione religiosa, i voti semplici da rinnovare dopo tre anni. Entrando in agosto al noviziato, a Natale sono pronto per la vestizione con la talare.

Anni di studio e di formazione, probabilmente di rinunce. Come li ricorda?

Eravamo venticinque a seguire il noviziato sotto la guida di un grande maestro, don Giuseppe Gentile. Studi umanistici, il Vangelo, la regola della congregazione, ma i corsi prevedono anche l'animazione teatrale e un programma incentrato sulla liturgia. Poi, dopo gli ultimi tre anni di scuola a Roma, i salesiani per loro regolamento fanno tre anni di tirocinio pratico. Quando arrivò il momento venni mandato a Pisa dove c'erano un collegio universitario e un oratorio, poi contro ogni previsione fui trasferito nuovamente all'istituto di Sampierdarena.

Sembra la "tranquilla" carriera ecclesiastica di un giovane che vuole seguire la regola di don Bosco, impegnativa ma codificata fra binari precisi. Una strada tracciata. Cosa provoca un cambiamento di rotta?

Fu una decisione maturata lentamente. Quando venne il momento di dedicarmi alla teologia chiesi ai miei superiori di mandarmi in missione. Mi cominciava a pesare la monotonia del collegio e la disciplina, sentivo nascere il bisogno di un impegno diverso. I superiori accolsero la mia richiesta e decisero di mandarmi in Brasile all'Istituto teologico di San Paolo, ispettoria del Nord. Dovevo iniziare là gli studi teologici.

In Brasile?

Sì, partii con la motonave *Anna Costa* dalla stazione Marittima, coi genitori a salutarmi sul molo: avevo detto a mia madre di non venire ma fecero di testa loro. Dopo dodici giorni, facendo tappa a Lisbona e Rio De Janeiro, sbarcammo a Santos. Arrivando a Bahia mi colpì la grandiosità di quel paese, la modernità apparente: da Santos a San Paolo c'era già l'autostrada. Là per prima cosa mi fecero giocare a pallone: l'economo dei salesiani, un tale di Bologna, come mi vide mi chiese: le hai le scarpe? "Shoeteiras", le scarpe da calcio.

Per lei, che aveva iniziato a frequentare i salesiani sul campetto del don Bosco, doveva essere una buona occasione. Un Paese nuovo, la possibilità di seguire una vocazione sportiva...

No, era il 1953, io mi ero liberato dal nazionalismo, da tutto ciò che era retorica. E, proprio quando pensavo di esserne più lontano, mi trovai all'Istituto teologico Pio XI a vivere un dramma tremendo. Vedevo la miseria di San Paolo da una parte, una città piena di contraddizioni dove appena uscivi per strada vestito da prete subito incontravi i bambini che ti porgevano un'immaginetta chiedendo un cruzeiro. Dall'altra parte, all'interno dell'istituto, le giornate erano quelle della classe dirigente con le feste in divisa militare, gli alzabandiera, il lusso più sfrenato. Mi ritrovai a vivere una crisi profonda. Dove ero capitato? Andai dai superiori e dissi: ho sbagliato tutto.

Non era quello che pensava di trovare?

No, in quel mondo eravamo dei privilegiati. Dov'era la povertà evangelica per cui ero entrato nei salesiani? Avevamo ogni cosa, più che l'indispensabile. La doccia era elettrica, toccando un bottone partiva il getto dell'acqua calda, in camera era tutto in tek pregiato. Quello che mi colpiva in modo più negativo era la retorica, l'alzabandiera che segnava ogni momento della giornata, il nazionalismo. Mi sembrava di essere tornato al regime fascista, mentre San Paolo era in festa per il quarto centenario di fondazione della città.

Quale fu la sua reazione?

La ricordo come se fosse oggi: vado dal mio superiore, che poi diventerà vescovo, don Antonio Barbosa, entro dentro il suo ufficio per perorare la mia causa. Parlo portoghese e dopo dieci minuti, quando gli dico che voglio andare in Italia, lui finalmente capisce che non sono brasiliano. Si alza, mi abbraccia, si complimenta per il mio portoghese che fino a quel momento l'aveva tratto in inganno. Chiama il segretario e nel giro di venti giorni mi fanno il biglietto, lui stesso mi dà venticinque dollari per le piccole spese durante il viaggio. La strada è segnata, dopo qualche giorno mi imbarco per Genova con l'*Augustus* della società Italia.

Deluso per quella esperienza in terra di missione?

Sì, fosse stato un altro momento storico forse sarei entrato nei guerriglieri. Ma il mio obiettivo invece, in quei momenti, era diventare prete attraverso la professionalità salesiana. Perché don Bosco era prete, don Doveri che avevo conosciuto sui campi dell'oratorio era salesiano e io volevo essere come loro. Era tale il mio impegno per arrivare ad essere educato col carisma e la professionalità dei salesiani che andavo avanti senza esitazioni. Nel frattempo mi scrive il vescovo ausiliare di Genova, proprio quel don Chiocca che mi aveva mandato dai salesiani. Mi dice: sarei tanto contento di poterti ordinare io stesso. Così vengo ordinato nella stessa chiesa dove avevo iniziato l'aspirantato, al don Bosco di Sampierdarena. Il 1° luglio 1959 prendo messa.

È una tappa fondamentale nella vita di un sacerdote.

Sì, ma c'è un'altra tappa che mi piace ricordare. Quando ero diacono con gli altri aspiranti sacerdoti, ci era stata affidata come esercitazione una predica del mese di maggio e ognuno doveva scegliere un tema da sviluppare, una dissertazione sulla Madonna: qualcuno aveva indicato la Madonna Assunta, altri la Madonna della Misericordia. Dovevamo preparare un testo e sottoporlo al catechista. Siamo nel 1959 e io scelgo la Madonna dei "lontani", in quella predica dico che bisogna andare non verso chi è nella Chiesa, verso i fedeli che già frequentano i sacramenti. Ma verso chi è lontano. All'epoca è arcivescovo di Milano il cardinale Giovanni Battista Montini che aveva indetto per la sua arcidiocesi una missione incentrata proprio su questo tema.

Chi sono i "lontani" oggi? Sono le persone che arrivano alla sua comunità cercando un punto di riferimento?

"Lontano" è chi si è scostato dalla fede, dalla Chiesa, anche se magari è battezzato. Non è curioso che allora avessi scelto proprio quel tema? E c'è un altro fatto di quegli anni che ho riscoperto qualche tempo fa, trovando una immaginetta fatta nel giorno della prima messa. Ognuno metteva un motto, io avevo scritto: Dio è amore, da San Giovanni. Senza altre parole. Oggi, quella frase mi sembra ancor più piena di significato.

Finalmente salesiano. Come il prete dei campetti di periferia...

Era tale l'entusiasmo che in tanti anni non avevo mai sentito la fatica dello studio, malgrado la difficoltà a riprendere dopo la lunga parentesi della guerra. I salesiani sono la congregazione dell'Oratorio e io ero convinto di occuparmi di quello, anche perché era la mia attitudine. Mi mandarono invece nel collegio di Sampierdarena come insegnante: era una eccezione restare nel quartiere di provenienza, ma il nostro era un collegio grande. Solo per smuovere dalla classe e portare alla cappella duecento ragazzi o organizzare il gioco servivano capacità organizzative che facevano parte del mio carattere, i miei superiori erano felici che me ne occupassi io.

Com'era la vita al collegio?

Era fatta di studio e attività pratiche, i corsi spaziavano dalla scuola media alla professionale con i laboratori di ogni tipo: quelli meccanici, prima di tutto. E poi la sartoria, la falegnameria. Gli allievi venivano anche dall'entroterra e dal Basso Piemonte. Nel collegio dei salesiani sono passati in tanti: Sandro Biasotti ha frequentato il collegio a Varazze, dove c'era la ragioneria, quando è stato eletto presidente della Regione Liguria mi ha scritto: "Sempre suo allievo". C'erano anche figli della borghesia, uno degli studenti a Sampierdarena è stato Gian Maria Flick, che poi è passato all'Arecco perché i salesiani non avevano il liceo. Anche il fratello Valdemaro è stato nostro allievo. E tanti altri.

Finalmente una strada segnata secondo le sue aspirazioni, dunque.

Ma nel 1960 mi chiama il direttore della Fondazione Garaventa per dirmi che sono rimasti senza cappellano. Non ci penso nemmeno un attimo, come potevo dire di no? Accetto subito.

Cos'è la Fondazione Garaventa? Per molti adulti di oggi è stata quasi uno spauracchio dell'infanzia: se non stai bravo ti mando sulla Garaventa, *si diceva ai discoli...*

E i vecchi lo dicono ancora ai nipoti. Perché nel secolo scorso Niccolò Garaventa, vedendo tanti ragazzi spersi in giro per le strade, sbandati, aveva deciso di istituire la nave scuola per insegnare loro un mestiere. La *Garaventa*, al tempo della mia giovinezza, era la piccola imbarcazione ancorata a Calata Gadda dove si concretizzava il suo progetto. Quando arriva quella chiamata, io sono a Sampierdarena con impegni di varie attività. Sono prete da un anno, da un giorno all'altro mi ritrovo a fare il tenente cappellano di Marina.

Di nuovo tra le divise, dopo essere scappato dalla disciplina militare.

Sì, la vita a bordo era come quella della Marina militare, tra alzabandiera e fanfara. La disciplina e le divise le vivevo male, ma grazie al mio ruolo ero riuscito a portare qualche miglioria nell'organizzazione delle giornate dei ragazzi. Sulla questione dei castighi, ad esempio: avevo sostenuto che il taglio dei capelli a zero come punizione era una cosa incivile, una umiliazione. E il comandante Carlo Peirano mi aveva dato retta. E poi eravamo riusciti a ottenere una colonia estiva vicino a Cuneo, a Peveragno, per portar via qualche settimana quei ragazzi: invece che su una nave d'acciaio d'estate, così, avevano la possibilità di fare passeggiate e vivere all'aria aperta. Credo che tanti abbiano conservato un buon ricordo del comandante: era un grande personaggio.

Finalmente una collocazione all'interno della Chiesa che sembra adatta a quella del sacerdote don Gallo...

Sì, anche quando dopo due anni i miei superiori mi mandano al nuovo istituto dei salesiani a Quarto, per darmi un contentino mi lasciano cappellano della *Garaventa*. A quel tempo abbiamo ospite a Quarto in convalescenza don Colliandro, ispettore provinciale delle Filippine, quello che per gli altri religiosi è il padre provinciale. È come un vescovo e, alla vigilia di Pasqua, lo invito a bordo della *Garaventa* a confessare. Per molti ragazzi la possibilità di un colloquio in confessionale era uno sfogo, una apertura. Ma quando don Colliandro riparte guarito dopo la convalescenza mi dice: tu sei il mio uomo, la situazione dei giovani a Manila è terrificante, il governo mi dà tutti gli appoggi. Perché non vieni da noi e ti butti a lavorare nelle Filippine, tra la gente? In linea di massima, mi disse, ne aveva già parlato ai suoi superiori.

Una bella prospettiva, per un prete di trent'anni che scalpitava per darsi da fare tra la gente...

Ricordo che fui tentato fortemente. Forse per paura, non certo per virtù o illuminazione, dissi di no. Anche se oggi a distanza di tanti anni dico che è stato meglio così. I superiori allora mi mandarono a Varazze, nel 1964, per due anni. E ricominciai la vita di collegio, tenendo ben strette le mie valvole di sfogo: la *Garaventa* e l'oratorio dove conobbi tra gli altri, in quegli anni, Ramon Turone, che sarebbe poi diventato un bravo calciatore e una delle bandiere del Genoa. Quando infine mi chiamò il superiore e mi annunciò che l'anno successivo sarei stato assegnato a Firenze, presi la mia decisione. Scrissi al mio patrono, don Chiocca, e gli chiesi se era disposto ad accogliermi tra i preti del clero diocesano.

L'addio ai salesiani, dunque, arriva quando le vogliono imporre un trasferimento non gradito. Ma la regola religiosa non prevede l'obbedienza alle direttive dei superiori? La sua non era già una piccola ribellione, un segnale di insofferenza alle regole?

No, perché formalmente i miei superiori volevano assegnarmi un incarico più importante, quindi il codice di diritto canonico mi dava la possibilità di rifiutare. Ricordo che mi venne mandato un ispettore per esaminarmi, mi interrogò per ore e poi mi chiese: ma lei si sente salesiano di

Prima immagine del piccolo Gallo (1928).

Gallo bambino vestito da marinaretto per la prima comunione.

In compagnia
della mamma
Maria Tomasina.

Gli anni del seminario.
Una didascalia dell'epoca:
"Il Gallo ne ha detta una grossa".

La professione dei voti perpetui (1° novembre 1953).

Insieme ai piccoli marinai della *Garaventa*.

Sulla nave scuola in veste "ufficiale" di cappellano.

Colonia estiva a Vallecrosia (luglio 1959).

Colonia Garaventa a Peveragno,
visita del sindaco Vittorio Pertusio (2 settembre 1961).

Messa a San Martino di Struppa (Natale 1970).

Incontro con il Santo Padre Giovanni Paolo II (1984).

In compagnia del cardinale Siri in visita a San Benedetto.

Col berretto da alpino in compagnia di un ragazzo del '99 ospite della comunità.

Il cardinale Dionigi Tettamanzi in visita a San Benedetto.

Don Gallo "informale" con Dario Fo e il chitarrista Antonello al ristorante La Lanterna.

La serata "Amico fragile", ricordo di De André al Carlo Felice.

don Bosco? Quell'ispettore si chiamava don Giovanni Ranieri, una bella figura. Mi dica lei, rispondo. Lui mi guarda e dice: lei è salesiano fino al midollo. Quando mi chiama di nuovo, nel 1965, gli dico: ormai ho scritto al vescovo, la mia decisione è presa.

II

La rivolta del Carmine

Se le cose fossero andate diversamente, oggi i salesiani avrebbero un religioso in più impegnato nell'attività dell'Oratorio e la Curia di Genova avrebbe un sacerdote "scomodo" in meno. Ma la decisione di lasciare la congregazione ormai è presa ed è così che padre Andrea diventa, all'improvviso, don Gallo. Un prete che, negli anni che porteranno al Sessantotto, appare già anticonformista.

«In quel periodo ho scoperto don Primo Mazzolari,» racconta don Gallo «gli scritti degli anni Cinquanta, prima che fosse sospeso. Leggevo i suoi libri che venivano pubblicati dall'editrice La Locusta e mi colpiva soprattutto la semplicità del suo linguaggio evangelico. Quella semplicità che ha fatto grande papa Giovanni e faceva persuasivo don Primo.»

Don Gallo, erano letture clandestine...

Sì, don Primo faceva stampare un giornalino che si chiamava «Adesso», due o tre fogli già osteggiati dalla Curia genovese. Lo andavamo a comprare nella libreria pavoniana L'ancora in piazza Fontane Marose. Il responsabile, un laico, li teneva sotto il banco. Un giorno mi presento chiedendo se è uscito «Adesso» e questo libraio, un tal Ferretto, mi dice: guarda, è venuto uno dalla Curia e ha comprato tutti i numeri che avevo. Poi ci furono le traversie della sospensione di don Primo Mazzolari e anche le pubblicazioni del giornale cessarono.

Oggi don Primo è stato riabilitato.

Fu papa Giovanni a riabilitarlo completamente, io sono convinto che, se fosse vissuto ancora, papa Giovanni l'avrebbe fatto cardinale. Per me quelle letture furono una tappa, un incontro decisivo. Erano librettini sulla povertà. Mi sembrava di sentire l'eco del linguaggio di Gesù. Quando ero un giovane laico diciottenne ed era ancora lontano il pensiero di diventare sacerdote, mi aveva colpito una sua predica che venne registrata e resa pubblica dai suoi fedeli più affezionati: si intitolava "Mio fratello Giuda", fu una folgorazione. Educato com'ero all'idea di Giuda traditore, sentirlo chiamare "fratello" fu una novità. Ma Gesù va incontro al diverso e al più lontano, anche a chi è destinato a tradirlo.

Il diverso, il lontano. Sono le persone che lei oggi accoglie nella sua comunità.

Sì, don Primo Mazzolari mi ha dato l'impronta che non mi ha più abbandonato.

Il suo racconto si era interrotto al momento di lasciare la sua congregazione, quando padre Andrea stava per diventare don Gallo e il suo superiore le disse: lei è salesiano fino al midollo...

Don Giovanni Ranieri mi diede ancora una possibilità: vai alla Spezia, il direttore del collegio ti attende. Ma ormai avevo deciso di continuare la strada che avevo intrapresa e avevo fatto domanda per entrare nel clero secolare, la scelta era fatta. Ci fu soltanto un imprevisto che ritardò di qualche giorno il trasferimento.

Cosa accadde?

Quando un religioso entra in una diocesi come prete, la sua vecchia congregazione consegna una documentazione che, nel linguaggio della Curia, prende il nome di "lettere dimissorie". Il giorno in cui mi presentai per accomiatarmi dal mio superiore, don Ranieri mi disse che dovevo attendere ancora. Mi spiegò che, proprio quando stava per terminare le lettere dimissorie, alcuni confratelli si erano presentati da lui con accuse nei miei riguardi: è mio dovere accettarle, aveva risposto, tuttavia dovete metterle per iscritto e dovete ben sapere che le farò leggere all'interessato.

Quali erano le accuse?

Non l'ho mai saputo. Quando ritornai dal superiore con molta serenità, pronto ad accettare critiche e correzioni, don Ranieri mi disse infatti: i confratelli non hanno presentato nulla.

E così divenne prete agli ordini di Siri.

Nel dicembre del 1964 ricevetti il mio primo incarico. Sembrava che dovessi andare a Isola del Cantone per aiutare il parroco nei giorni delle feste natalizie, ma all'ultimo momento nacque la necessità di un breve trasferimento all'isola di Capraia.

Sull'isola?

Sì, Capraia allora dipendeva ancora dalla diocesi genovese, per antichi legami con la Repubblica di Genova. Andai solo quindici giorni e trovai una situazione che non mi aspettavo: d'inverno non c'era turismo e le uniche realtà erano l'ufficio postale e la parrocchia, qualche abitante e soprattutto il carcere, diviso tra una sezione centrale, il porto e le sezioni agricole dove venivano fatti lavorare i detenuti, in montagna. Ed è lì che per la prima volta incontrai il mondo del carcere, solo per pochi giorni. L'anno dopo però il parroco di Capraia mi richiese alla Curia e io tornai a sostituirlo tutto il mese di agosto per permettergli una breve vacanza. Questa volta, d'estate, ebbi modo di conoscere più a fondo la realtà dell'isola e mi resi conto che esistevano due mondi diversi e contrapposti.

Qual era l'ambiente della Capraia?

Da una parte c'erano le feste e la vacanza. A Ferragosto, quando la Chiesa celebra l'Assunta, al porto si tenne una grande festa con gli uomini degli yacht. Fecero anche i fuochi artificiali, c'erano gran lusso e sfarzo. E poi c'era l'altra realtà: il carcere con la sua popolazione, distinto e separato.

E il rapporto con i detenuti?

Il cappellano aveva l'incarico di leggere e vistare tutta la posta, ogni sera mi dovevo mettere a una scrivania per interpretare lettere scritte spesso a fatica, con calligrafia incerta. Era un lavoro di grande responsabilità: qualche mese prima il parroco era stato messo sotto inchiesta dal giudice di Livorno perché aveva lasciato passare una lettera che conteneva minacce di morte. Il caso volle che, sbrigando la corrispondenza, leggessi anch'io una lettera in cui un tizio scriveva alla mamma in continente parole che non lasciavano dubbi: vai dal tale e digli che appena esco lo ammazzo. Memore dell'esperienza e delle raccomandazioni del parroco, appena me la trovai fra le mani presi la lettera e andai a cercare il detenuto.

Don Gallo, non sembra la procedura più regolare...

Mi sembrò la cosa più giusta. Era giorno e quel giovane era nei campi a lavorare insieme ad altri detenuti, sorvegliati a distanza dalle guardie. Vado dal brigadiere: mi puoi chiamare il tale? Lui dà un urlo e scende da un trattore un pezzo di ragazzo che non finisce più. Ho la lettera in mano, come il ragazzo la vede capisce tutto: "Adesso lo so che lei la porta ai superiori". No, dico, se sono venuto qui... ti sembra che a una madre anziana scrivi così, la coinvolgi in queste brutte cose? Se sei d'accordo e hai capito il tuo errore, io qui davanti a te prendo la lettera, la strappo e insieme la buttiamo in mare. Gli sono venute le lacrime agli occhi e si è avvicinato per abbracciarmi. L'agente più vicino vede solo la parte finale della scena e si avvicina preoccupato: cappellano, mi chiede, c'è qualcosa che non va? No, tutto bene.

Poi riprende la sua "carriera" di sacerdote con il primo incarico ufficiale, al Carmine.

Bisogna ricordare la data, perché è una coincidenza grande: il Concilio Vaticano II chiude i suoi lavori nel gennaio del 1965, proprio quando io approdo al Carmine come viceparroco. È una primavera della Chiesa, arrivano via via i documenti del Concilio e si capisce che si sta vivendo un momento importante. Io quel periodo lo vivo al Carmine, tra via Balbi e il liceo Colombo, a due passi dalla sede dell'Autonomia operaia.

Sono i giorni di fermento che precedono il Sessantotto...

Io quei giorni li vivo in mezzo alla gente, tengo un piede sul territorio e uno all'altare, una mano al Vangelo e l'altra al giornale. Sono veramente coinvolto da questi movimenti che vanno dal Maggio francese ai figli dei fiori, dal Movimento studentesco alle lotte operaie. I protagonisti sono i miei parrocchiani. Nella zona bassa del Carmine, da vico Olivella a vico della Giuggiola, vivono solo famiglie operaie, la zona alta comprende le strade borghesi del quartiere di Castelletto. I ragazzi cercano punti di riferimento. Io mi faccio promotore di un nuovo gruppo scout: visto che il trentesimo, con sede in via Balbi, in quegli anni è affollato a dismisura, noi fondiamo il ventiseiesimo il cui capogruppo è l'ingegner Andrea Montanari, figlio primogenito del professor Fausto. Sono il primo che inserisce nei lupetti anche i figli degli operai, li porta in settimana bianca a Limone e Limonetto.

Vuol dire che anche tra gli scout c'erano discriminazioni?

Il gruppo trentesimo comprendeva corso Dogali, corso Firenze, la Circonvallazione. Le strade della Genova bene. Era una tradizione che di fatto lasciava fuori gli altri.

Dopo il Sessantotto lei è un personaggio al centro della cronaca, ma anche un predicatore affermato. Per don Gallo si radunano folle di giovani che cercano qualcosa di alternativo alle cerimonie solenni della chiesa di Siri...

Genova in quegli anni aveva tanti predicatori importanti, capaci di attirare centinaia di persone. Tra il 1965 e il 1968 c'era in città padre Nazzareno Fabbretti, seguitissimo all'Annunziata dove aveva aperto la sala Frate Sole, un luogo di incontro per gli artisti. In via Lomellini invece celebrava padre Acchiappati dei filippini. Le loro prediche erano affollatissime.

Erano sacerdoti che oggi si direbbero "progressisti", venuti alla ribalta grazie a papa Giovanni e al Concilio.

E proprio con la morte di papa Giovanni cambia il clima e vengono a mancare quei protagonisti. Sia padre Acchiappati che padre Fabbretti vengono allontanati da Genova dalle loro stesse gerarchie, i loro superiori dicono che si tratta di un normale avvicendamento ma di fatto è una punizione. L'ultima predica di padre Fabbretti all'Annunziata, in occasione della messa in memoria di papa Giovanni, la ricordo bene. Padre Fabbretti inizia a parafrasare il discorso di Antonio col cadavere di Giulio Cesare: dicevano di papa Giovanni... e giù calunnie. Per concludere come Antonio: ma loro sono persone dabbene. Un grande discorso, in una chiesa gremita di gente.

Don Gallo, lei è un prete "rosso"?

Non ho mai fatto una scelta ideologica, la mia è stata sempre, ed è ancora, solo la scelta dei poveri. Per questo cerco quelle forze che hanno una credibilità in questa difesa degli ultimi. La cacciata di padre Acchiappati e padre Fabbretti, comunque, ebbe una conseguenza: in quel periodo di fermento c'erano tante piccole comuni anche a Genova. Molti di quei giovani che prima seguivano predicatori più affermati, trovandosi senza un punto di riferimento cominciarono a frequentare la chiesa del Carmine.

Vuol dire che tutto avvenne quasi per caso?

L'unica cosa certa è che la chiesa del Carmine era sempre affollatissima e dopo qualche tempo iniziammo a incontrarci anche prima della messa. Per discutere sugli argomenti che poi avrei affrontato nella predica, col giornale e il Vangelo. La gente si passava la voce, era scomparsa la Frate Sole, non c'era più padre Acchiappati. Molti cominciarono a venire con noi.

Il suo giornale era «l'Unità?»

«L'Unità» la leggevamo, ma in chiesa entravo col «Secolo XIX», il giornale cittadino. Quello che cercavamo era l'attualizzazione della parola del Vangelo. In quel momento infuriava la guerra del Vietnam. Una domenica all'interno della chiesa stipatissima, davanti a centinaia di persone, io dico: non è possibile che noi cristiani possiamo accettare in silenzio il lancio delle bombe al napalm sui vietnamiti. Si alza un signore, resta in piedi a metà della chiesa e grida: lei è un comunista. Lo invito al microfono, ma quello si alza e se ne va proprio mentre io, nella mia scaletta, sto per parlare condannando, alla stessa stregua dell'intervento americano in Vietnam, anche i carri armati russi. Non era una questione di colore rosso o nero, ma di giustizia.

Lei da quel giorno è diventato il prete comunista e i giornali hanno scoperto l'esistenza di don Andrea Gallo.

Dopo quel fatto, i portuali si passarono la voce e prepararono le contromisure per evitare che si presentassero altri contestatori. La domenica successiva le due entrate del Carmine erano presidiate dai camalli. Finì tutto lì, per un po' non ci furono altri problemi.

Poi venne il 1° di luglio del 1970, quando al Carmine scoppiò un'insurrezione. I quotidiani dell'epoca la ritraggono con un megafono in mano in mezzo alla folla: cosa era successo?

C'era stato un crescendo di avvenimenti. Qualcuno aveva protestato presso il cardinale per quella predicazione che attirava tanti giovani, così dalla Curia erano arrivati anche i richiami formali. Il 1° aprile venne da me il mio parroco, don Emilio Corsi: mi confessò che il cardinale Siri gli aveva ordinato di registrare le mie prediche e consegnargliele, perché da più parti si diceva che non erano ortodosse. Quel brav'uomo di don Corsi in un primo tempo si era limitato ad obbedire, poi aveva deciso di dirmi tutto.

Un registratore in chiesa? Siri doveva essere molto preoccupato, per il contenuto delle sue omelie...

Il risultato fu che io, la domenica successiva, raccontai durante la predica quello che era accaduto, adesso posso dire che lo feci solo perché ero imprudente e incosciente. Dissi: peccato che la Curia non mi abbia chiesto direttamente di avere un nastro con le nostre celebrazioni, perché qui è tutto pubblico e registratori ne avremmo messo non uno, ma tre: uno rosso per il cardinale, uno viola per monsignore e uno grigio per il clero semplice. La gente iniziò a vociare.

Ma lei era un prete, davanti a un ordine del suo cardinale era tenuto all'obbedienza...

Una delle mie concezioni dell'obbedienza è che si deve rispondere, senza obiezioni, davanti a un ordine pubblico dell'autorità. Non davanti ad atti compiuti di nascosto. Comunque le conseguenze non mancarono. Per primo mi chiamò il vescovo ausiliare e mi disse: ti abbiamo nominato arciprete di Capraia. Era una sistemazione di prestigio che nascondeva però un esilio. Fui tentato, sull'isola ero stato due estati e mi ero trovato bene. Ma dissi di no: il diritto canonico me ne dava la possibilità proprio perché formalmente si trattava di una promozione, quindi non ero tenuto ad accettarla. A giugno il mio parroco mi disse che non potevo più dire messa a mezzogiorno, da quel momento avrei officiato alle otto del mattino. Io gli dissi che faceva un errore e infatti ci fu un passaparola, il risultato fu che alla messa del mattino c'era più gente che alla funzione solenne. Da ultimo, falliti tutti gli altri tentativi, venni nominato assistente diocesano dell'Unitalsi, l'organizzazione che si occupava dei pellegrinaggi a Lourdes e dell'assistenza agli handicappati. Era, nei fatti, l'ordine di lasciare il Carmine.

E arrivano i primi di luglio. Una mattina, registrano le cronache dell'epoca, le pareti della chiesa vengono deturpate da scritte blasfeme e invettive contro la chiesa di Siri accusata di strappare al quartiere il suo prete.

In quei giorni venni ricevuto più volte da monsignor Chiocca, il vescovo ausiliario. Ma chi decideva era Siri che, per fare pressione su di me, non aveva esitato a convocare persino mia madre, peraltro con pochi risultati: lei si era rifiutata di incontrarlo. Una sera torno da Milano, appena metto piede fuori dalla stazione mi cercano i miei ragazzi e mi dicono che, in mia assenza, c'era stata l'occupazione pacifica della chiesa. Io avevo appena annunciato che non sarei andato a Capraia ma avrei consegnato le chiavi della chiesa. Le dimissioni erano pronte, mio fratello si era già interessato per portare via i miei quattro mobili.

E invece?

I fatti di quella sera mi sono stati raccontati solo in seguito da chi li ha vissuti: la gente del Carmine riempì la chiesa alla spicciolata, nel corso della messa vespertina. E poi, quando il prete finì, andò al microfono l'ingegner Andrea Montanari. Il parroco intervenne per fermarlo, lui disse soltanto: siamo qui per recitare una preghiera per l'allontanamento di don Gallo. Nel frattempo, ovviamente, era già arrivata la polizia. L'assembramento si sciolse ma tutti si dettero appuntamento per il giorno dopo.

Il giorno dopo. Ovvero quella che le cronache descrivono come un'adunata oceanica per la cacciata di un prete. Un fatto che superò i confini cittadini: ne scrissero i giornali nazionali. E persino il quotidiano francese «Le Monde» dedicò alla vicenda un trafiletto.

Quella mattina uscii sulla piazza per andarmene e trovai una folla immensa. Qualcuno mi mise in mano un megafono, pronunciai solo poche parole per rispondere alle domande di chi mi conosceva e voleva capire cosa stava succedendo. Dissi che ero addolorato, spiegai che sarei sempre rimasto vicino alla gente del Carmine. Ma dovevo partire, non avevo scelta: perché ho sempre rispettato le decisioni della mia Chiesa.

E l'avventura del Carmine finisce, la chiesa torna alla calma di qualche anno prima, forse più vuota e più "allineata".

Sì, mi ricordo un fatto: davanti al Carmine c'era l'edicola, un giorno passa un ispettore del «Secolo XIX» e chiede perché le vendite del quotidiano sono crollate improvvisamente: due o trecento copie in meno. Era una fotografia della realtà del quartiere, i ragazzi che venivano a sentire la messa domenicale e le prediche non c'erano più. Per qualcuno fu una soddisfazione: «Il Secolo XIX» mi aveva dedicato nel giorno dell'addio la spalla della prima pagina, con una enorme foto. Per Kennedy soltanto tre colonne. I benpensanti si chiedevano: chi è costui? Cosa ha fatto questo prete per meritarsi tanta attenzione da parte dei giornali?

Lei era in aperto dissenso con Siri: era un ribelle?

Il mio era un dissenso sull'interpretazione da dare ai testi del Concilio. Ma era un dissenso d'amore, di profonda e convinta ricerca della verità, da parte mia come da parte del cardinale. Siri, tempo dopo, mi avrebbe dimostrato la sua stima.

Siamo alla fine dell'estate del 1970 e lei è un prete senza una collocazione precisa, senza una parrocchia o un incarico.

Furono momenti difficili. Io, lasciato il Carmine, continuai l'attività fra quelli che erano stati i miei parrocchiani, andavo ai cortei degli studenti e degli operai in via Balbi, mi interessavo alla vita della società e del gruppo scout. La stampa continuava a seguire il nostro caso. L'arcivescovo diceva che il trasferimento non era stato una punizione ma un semplice atto amministrativo, sui giornali uscivano in quei giorni lettere pro e contro di noi. Il direttore del «Secolo XIX», che allora era Piero Ottone, sguinzagliò i suoi cronisti per verificare la veridicità dei mittenti. E scoprì che le lettere a sfavore erano fasulle. Da qui la sua decisione: questo prete lo voglio aiutare.

E i mesi passavano. I suoi ragazzi di allora, oggi, dicono che Siri l'aveva messa alla fame.

Ebbi diversi incontri col cardinale Siri. Non solo, continuai a frequentare i giovani del Carmine. Ci incontravamo nelle case di uno o dell'altro, ebbi il permesso di partecipare al campo scout di Ceresole Reale. Volevo dire messa e chiedevo ospitalità alle varie parrocchie. Ma una collocazione non c'era. Un giorno il cardinale mi dice, parlando in dialetto: ma dimmi un po', i miei parroci almeno la domenica ti invitano a celebrare la messa? Io dico: no, tolta qualche eccezione in settimana, don Malagoli alla Virgo Potens, don Piana ad Albaro, nessuno mi accoglie. La domenica, poi, non c'è mai uno spazio. Allora Siri, con quelle sue espressioni in genovese schietto: «Lo sai dove hanno le braghe i miei parroci?» mi disse. «Te lo spiego io: le hanno in fondo ai tacchi. Gli dirò che si comprino le bretelle». Ma erano battute, finiva tutto lì.

Cosa pensava il conservatore Siri, di lei, prete del dissenso?

Non si sa, non me lo disse mai chiaramente. Ma una cosa è certa: prima di una pena, il codice di diritto canonico prevede due ammonizioni canoniche ufficiali. E lui non fece mai scattare un provvedimento, neanche la prima ammonizione.

Siamo rimasti a lei, prete senza una chiesa, che vaga per la città seguito da una compagnia di simpatizzanti negli anni in cui anche a Genova si moltiplicano le comuni. Come avviene il trasferimento a San Benedetto?

Siamo ai primi di dicembre, in via Alghero, a casa del dottor Cifatte, assessore comunale e viceprimario al Galliera. Mentre siamo riuniti dice: avete provato a telefonare a don Rebora? Gli sono amico fin dai tempi in cui ero medico del seminario e mi è sembrato un prete di vedute aperte... Pigliamo il telefono, spieghiamo a don Rebora che siamo un gruppo e nessuno ci lascia dire messa. Per me non c'è problema, è la risposta: io la dico alle undici, prima o dopo è libero.

C'è un giorno di nascita che celebrate come compleanno?

Sì, non abbiamo scelto noi l'inizio della comunità, ma a me è sempre sembrato un segno: l'opera di don Bosco inizia l'8 dicembre quando il santo incontra un ragazzo alla Consolata di Torino e lo prende con sé. Noi, che abbiamo cercato di camminare sulle sue orme, ci siamo trovati l'8 dicembre 1970 in questa chiesa di San Benedetto stracolma di gente, accorsa perché aveva saputo del nostro arrivo. E di lì è iniziato tutto.

E la Curia?

Eravamo qui grazie all'accoglienza di don Federico, immaginate se in Curia non erano venuti a saperlo. La partecipazione della gente era grande, ormai eravamo diventati, per tutti, semplicemente la comunità di San Benedetto. Allora alcuni preti si interessarono alle nostre sorti, don Piero Tubino della Caritas, don Giacomino Piana, don Arturo Ferrera. Tant'è che il 1° marzo 1971 arrivò il decreto di nomina che formalizzava la mia posizione e mi garantiva un piccolo stipendio per andare avanti. La mia nuova qualifica: impiegato a tempo ridotto alla Caritas, con un impegno di tre ore al giorno. E cappellano feriale e festivo di San Benedetto al Porto.

III
Nasce la comunità

La vita a San Benedetto continuava, molti dei ragazzi del Carmine mi avevano seguito e frequentavano la messa del mezzogiorno, sempre piena. La svolta avvenne nel 1975 quando andò via la perpetua e, quasi contemporaneamente, l'altro prete, don Pietro Cattaneo, venne trasferito. Io ancora non dormivo qui, benché dal 1° marzo 1971 avessi ricevuto la nomina a cappellano feriale e festivo. Ma all'improvviso eravamo rimasti solo io e don Rebora, in quei locali troppo grandi. Ci guardammo negli occhi: «Questa canonica è vuota». Prima c'erano le camere, lo studio, tutto attorno a noi aveva l'aspetto di una casa vera e vissuta. All'improvviso, nulla. Fu un senso di tacito e gioioso assenso, una comunanza di idee: «Apriamo le porte agli altri». Fu così che iniziai a dormire nella camera che era stata della perpetua. Col consenso totale del parroco, espresso senza formalità, col suo stile di poche parole.

Don Gallo, come avviene che inizia a occuparsi del mondo della droga? Lei, fino a quel momento, era un prete all'avanguardia seguito da studenti, operai e cattolici di sinistra provenienti da famiglie della borghesia di Castelletto. San Benedetto stava per diventare una comune simile a quella dei ragazzi del Movimento sessantottino: niente di più.

Iniziò tutto in modo molto semplice, come una risposta a tanti bisogni. I servizi pubblici erano latitanti, così all'inizio i ragazzi arrivavano a bussare alla porta alla spicciolata, di giorno e di notte. Si presentavano alla chiesa o al portoncino a fianco, al numero 12 dove vivevamo don Rebora e io, per chiedere due spiccioli, un panino, un caffè. Tutto quello di cui avevano bisogno. Ed è così che iniziarono le prime attività: la piccola mensa, i colloqui, gli incontri.

Chi fu il primo ospite?

Il primo che cominciò a dormire nel sacco a pelo e a fermarsi qui con noi era un ragazzo che forse stava attraversando una crisi, un universitario che non aveva niente a che fare con la droga e avevo già conosciuto al Carmine negli scout. Un giorno me lo trovai all'uscita della Caritas di via Assarotti. Mi disse: Andrea, sono disperato. Beveva molto, io da pochi giorni vivevo a San Benedetto. Cominciò tutto con semplicità: se vuoi venire con me, gli risposi, ci troviamo a mezzanotte al Ragno Verde. Beviamo l'ultimo bicchiere e andiamo a dormire.

E venne a vivere con voi preti?

Bisogna pensare ai tempi: come studente quel giovane era già nel Movimento, viveva con la famiglia in un appartamento di non so quanti vani in corso Dogali, suo padre era professore al liceo Colombo, i due fratelli erano uno ingegnere e l'altro medico. Lui iniziò a vivere qui. Si portò dietro il sacco a pelo e si sistemò alla meglio.

Che fine ha fatto?

Si chiama Giorgio Passerone, ha finito gli studi e si è laureato, poi ha vinto una borsa di studio a Parigi. Ha due figli, si è sposato in Italia: quando è nato l'ultimo, Giorgio mi ha messo a perdere, ha voluto a tutti i costi che fosse battezzato a San Benedetto.

Don Gallo, ma i suoi ragazzi del Carmine erano drogati?

Qualcuno fumava l'hashish, qualcuno beveva troppo, per la stragrande maggioranza erano studenti senza problemi di questo tipo. Certamente Giorgio Passerone non era un tossicodipendente, ma in quel momento stava vivendo una situazione particolare. Ecco che si vede la nostra "non settorialità", la scelta di aprire le porte a tutti. La strada delle comunità terapeutiche ha portato benefici e danni: San Benedetto non è una comunità per tossici.

Vuol dire che nessuno è obbligato a curarsi?

Voglio dire che qui ci sono drogati ma anche clochard, portatori di handicap, persone e basta. Per anni abbiamo avuto ospite un vecchio che dopo gli ottant'anni si è trovato senza più mezzi per andare avanti, era un ex alpino e abbiamo festeggiato i suoi cent'anni in comunità. Nelle cascine agricole non c'è neanche il cancello, avessi ascoltato il parroco avrei lasciato la porta aperta anche qui in via San Benedetto.

Lei ricorda il suo primo incontro con un drogato?

Come potrei dimenticarlo? Era l'autunno del 1974, mi trovavo all'inizio di salita Pollaiuoli con due giovani commissari di polizia, all'epoca di eroina si parlava poco: i tossicodipendenti forse erano cinquanta in tutta Genova, gli agenti li conoscevano uno per uno. All'improvviso vediamo un assembramento di giovani: c'è un ragazzo per terra, altri che gli sono attorno. Io ancora sono lì che non riesco a capire cosa sta succedendo quando uno dei due poliziotti che mi sono accanto salta avanti, inizia a praticare la respirazione bocca a bocca alla persona per terra, chiede a me di chiamare un'ambulanza: aveva capito subito che era un collasso per droga e non c'era tempo da perdere.

Lo avete soccorso voi?

Lo abbiamo accompagnato all'ospedale Duchessa di Galliera, io vestito da prete, i poliziotti in divisa. Ma i medici hanno detto che non ci potevano fare niente. La legge proibiva agli ospedali civili di accogliere i drogati, identificava ancora spacciatori e consumatori, il consumo era reato. Dove andiamo? Io gridavo, mi sembrava tutto assurdo: stavano rifiutando aiuto a una persona che rischiava di morire. Alla fine siamo andati al manicomio di Quarto: il ragazzo si è salvato, oggi ha una laurea, un lavoro e una famiglia. Vive in Lombardia e ogni volta che capita a Genova viene in comunità a trovarmi.

È cominciato tutto con quell'incontro casuale?

Sì, anche se la comunità vera e propria nasce subito dopo, quando lo permette la nuova legge 685 che finalmente porta la novità più importante: cadono le norme punitive e vengono distinti lo spacciatore e il consumatore. Il consumo non è reato, il drogato è un malato da curare, non un criminale. Nel dicembre del 1975 la legge viene approvata, il 1° gennaio del 1976 entra in vigore. E allora, finalmente, possiamo cominciare ad accogliere i drogati nella nostra comunità. Il posto c'è: basta uno sguardo e don Rebora allarga le braccia. Da quel momento inizieranno anche le incomprensioni con molti parrocchiani. Solo il giorno del cinquantesimo di sacerdozio di don Rebora ho capito che la gente del quartiere aveva accettato pienamente la sua scelta ed era con lui. È stato un momento di grande emozione, tanti anni dopo.

Don Gallo, ma lei presumibilmente dei problemi della droga e della tossicodipendenza sapeva molto poco. Come ha fatto a impostare i programmi della comunità?

Sapevo niente, questa è la verità. Si partiva da un disagio e si andava a cercare una possibile soluzione, in vista di una liberazione. Tra i nostri amici per fortuna c'erano anche molti medici: primo tra tutti il professor Rosadini, docente di neurofisiopatologia dell'Università. Quello che ci pareva chiaro era che non si dovevano trasformare i tossicodipendenti in capri espiatori con crociate e inquisizioni. C'era un commercio clandestino di alcune sostanze e c'erano delle persone che chiedevano di essere accolte come esseri umani. E c'erano i servizi pubblici che iniziavano a lavorare: un giorno mi chiama l'assessore alla Sanità della Regione, Paolo Dosio, un galantuomo. Mi dice: vorrei sentire da lei come vede il problema...

Qual era la vostra peculiarità?

Abbiamo puntato fin da subito sull'etica della responsabilità e non su quella dell'obbedienza, sul privato al servizio del pubblico. E finché rimarrà questa Repubblica, continueremo a ribadire la centralità del servizio pubblico, supportato da una rete della quale i privati possono fare parte, senza sostituire nessuno. Se non esiste un servizio pubblico e un drogato per qualsiasi motivo esce da una comunità, qual è il suo destino? Resta allo sbando. Noi, da sempre, siamo piccoli servi del pubblico per contribuire a creare una rete di salvataggio.

Suona strana questa difesa appassionata del servizio pubblico mentre tanti accusano la sanità nazionale di inefficienza. Perché?

È necessario che sia lo Stato a farsi carico del problema. Anni fa mi chiamò il vescovo di Ventimiglia, monsignor Veraldo. Mi disse che c'era da sistemare un ragazzo di buona famiglia che era diventato tossicodipendente, i genitori erano disperati perché fino all'ultimo non si erano accorti di quello che stava succedendo. Mi disse: prendilo. Gli ho risposto: eccellenza, dica a quei genitori di portarlo al servizio pubblico. E lui: è come se non ci fosse... Allora, caro vescovo, se avete a cuore i giovani, impegnatevi a utilizzare tutte le possibilità di cui disponete, scendete in campo per fare in modo di creare un servizio pubblico che funzioni. È da lì, poi, che la rete del privato può raccogliere chi ha bisogno di un aiuto. Molti ragazzi, dopo l'ingresso in comunità, continuano un percorso psicoterapeutico che avviene sempre mantenendo i contatti con gli operatori del Sert.

E se un ragazzo suona, senza intermediari, alla porta della comunità?

Se si presenta qualcuno, e succede quasi ogni giorno e ogni notte, io ascolto quello che mi vuole dire, sempre. C'è un capitolo delle regole di San Benedetto che dà indicazioni sul ricevimento dei viandanti. L'incaricato di accogliere i pellegrini non è il portinaio o un fraticello, ma è l'abate in persona, e io che qui dentro sono un po' l'abatino cerco di seguire quella regola. A volte si delega ad altri, per necessità, ma il principio deve essere chiaro. E non importa se il viandante arriva alle tre di notte.

È successo?

Sì, succede spessissimo, per mia fortuna non vado mai a letto prima delle cinque del mattino. Una volta, proprio attorno alle tre, suona una ragazza che era stata ospite della nostra comunità e poi si era ritrovata a fare marchette in via Milano. Bussa, dice che quella notte non è arrivata a mettere insieme cinquanta euro e la pensione dove vive non intende mantenerla, se lei non paga ogni giorno anticipato. Cosa dovevo fare? Le ho regalato i soldi che le servivano. Perché noi dobbiamo fare opera di dissuasione di fronte agli errori, ma intanto nessuna persona deve essere lasciata sola.

Mandate al servizio pubblico, ma intanto siete un salvagente...

Sì, anche coi servizi i problemi ci sono, non sempre tutto funziona come dovrebbe. Qualche anno fa abbiamo scritto a quattrocento medici di base chiedendo se erano disponibili a prendere, tra i tanti loro mutuati, un ragazzo tossicodipendente. Ci hanno risposto in quattro, uno ogni cento lettere. Da qualche tempo, per fortuna, è entrato in funzione il centro di solidarietà Casabella della Asl, un centro che viene definito a "bassa soglia". Fa parte di un progetto che è stato chiamato Odissea, l'accoglienza è assicurata anche a chi arriva "con la scimmia", sotto l'effetto della droga. Da lì però si può partire per iniziare un'opera di convincimento: offri un letto, un pasto. Poi il ragazzo ti starà ad ascoltare.

Lei ha spesso cercato la provocazione, ha "sponsorizzato" i ragazzi di un centro sociale che avevano piantato canapa indiana "maschio", inerte ma identica a quella usata per gli spinelli.

Il fatto è che le sostanze sono spesso caricate di effetti psicologici, se chiediamo la legalizzazione delle droghe leggere ci accusano di lassismo. Ma è falso. Noi non rinunciamo a tentare la dissuasione, per la droga come per l'alcol. Semplicemente valutiamo gli effetti del proibizionismo e diciamo che non ha ottenuto nessun risultato. Una volta sono andato al liceo D'oria e ho invitato i presenti a chiedermi cosa volevano che gli portassi: eroina, cocaina o ecstasy. Datemi i soldi, ho spiegato, faccio un giro per i vicoli e vi porto tutto. Perché non c'è nessuna difficoltà, chiunque si vuole procurare della droga la può comprare. Ma avete notato? I drogati non parlano mai di droga, dicono solo "la robba", con due "b". Perché nelle bustine che si iniettano ci può essere qualsiasi cosa, le sostanze da taglio sono le più diverse.

Don Gallo, ma lei cosa vuole ottenere per i suoi ragazzi?

L'impegno deve essere quello di cercare di migliorare la qualità della vita di chi è malato come di chi si droga, senza avere la presunzione di guarire nessuno. La coercizione non è mai una soluzione e implica sempre la colpevolizzazione dell'individuo.

Altri hanno scelto metodi diversi. Lei conosceva Muccioli?

Era capitato di incontrarci forse due volte, la prima nel corso di un convegno alla Fiera di Genova. Lui era per i principi forti, il nostro approccio era ed è molto diverso, tra noi nacque subito un contrasto. Il giorno dopo, sulla cronaca genovese del «Giornale» di Montanelli, uscì un articolo: don Andrea Gallo vuole la droga libera. La seconda volta che ci incontrammo fu a distanza di anni. Nel frattempo, la Conferenza sulle tossicodipendenze di Palermo aveva sancito il principio della riduzione del danno come base per la lotta alle droghe: era il pieno riconoscimento della correttezza della nostra strada.

Lei e Muccioli eravate su fronti opposti?

Da sempre. A Genova, pur avendo metodi diversi, abbiamo invece lavorato insieme al Ceis Bianca Costa e adesso guardiamo con molto interesse all'esperienza di Casabella, il centro a bassa soglia della Asl che opera nel senso indicato a Palermo, quello a cui accennavo prima: la riduzione del danno.

Cosa vuol dire?

Ridurre comunque i rischi per la persona che fa uso di sostanze e le conseguenze negative per gli altri. Senza rinunciare a un'opera di dissuasione e senza abbassare la soglia della tolleranza. Ma la presunzione di guarire a tutti i costi il tossicodipendente, anche contro la sua volontà, per noi è un errore: riteniamo che si possano invece ottenere risultati intermedi di grande importanza, pur senza sottovalutare la tensione verso la correzione. Lo scopo è suscitare una progressiva assunzione di responsabilità anche per chi non è ancora preparato a lasciare le sostanze, per evitare rischi gravissimi e atti illegittimi e illegali.

Quali sono le percentuali di disintossicazione e recupero dei ragazzi che entrano in comunità?

Altre comunità parlano di una percentuale del 30 per cento di ospiti che escono dalla droga, una cifra che viene considerata un successo. Qui, sono passati in media duecento ragazzi all'anno, migliaia di persone. Credo che i guariti siano di più di quel 30 per cento ma non abbiamo mai tentato una statistica, è un nostro limite. I risultati li vediamo nelle attività di ogni giorno, tutte affidate a ex tossicodipendenti che ne sono usciti.

Trent'anni di lotta alla droga, cosa è cambiato nel commercio delle sostanze?

Se si va a vedere alla radice delle cose, la risposta può sembrare sconfortante: non è cambiato nulla. La droga è ancora una piaga dalle conseguenze nefaste, basta vedere le cifre. Su 54 mila detenuti in carcere, solo il 12 per cento è recluso per reati gravi, di criminalità vera. I tossicodipendenti invece sono 15 mila. E poi, leggo da un rapporto del gruppo Abele i dati di qualche anno fa: 59 morti per suicidio, 920 tentati suicidi, 6536 feriti per atti di autolesionismo, 83 decessi dovuti in massima parte a overdose. Tutte cifre per difetto: se un detenuto ad esempio muore in ambulanza mentre lo portano in ospedale, non rientra nella statistica. Perché, in senso stretto, non è morto in carcere.

Ma nel corso dei decenni le sostanze sono cambiate. Negli anni Settanta c'era il boom dell'Lsd, poi sono arrivate l'eroina e la cocaina. Oggi imperano le droghe da discoteca e avanzano le droghe "fuori tabella", quelle per le quali lo spaccio non è perseguibile perché le sostanze eccitanti che contengono non sono ancora state catalogate come stupefacenti.

In origine, negli anni dei "figli dei fiori", i giovani erano attratti soprattutto dall'esotismo, dal mito dei viaggi in

Thailandia o in India. Oggi si parla dell'ecstasy come di una novità. Ma le amfetamine giravano già allora, a Genova in tanti facevano i soldi vendendo compresse di plegine ai marines americani che facevano scalo in porto, dicendo loro che erano pastiglie di droga. I mutamenti sono più apparenti che sostanziali, in realtà lo ripeto: se guardiamo solo le sostanze, è cambiato poco o niente.

Però la legge, quella sì è cambiata.

C'è stato un segnale importante: la vecchia 685 era stata sostituita dalla 162 nel 1990, la famigerata Iervolino-Vassalli che trasformava il tossicodipendente, di fatto, in un cittadino di serie B. Il drogato perdeva i diritti civili. Quelle norme sono state abolite con un referendum nel 1993, a larga maggioranza, con l'affermazione del principio della riduzione del danno nella lotta alla droga, poi sancito in un grande convegno sulle tossicodipendenze a Palermo, quello è stato l'inizio del vero cambiamento.

E poi è arrivato l'Aids a scombinare tutte le regole. Voi l'avete vissuto sulla pelle, non era solo un discorso accademico...

Sì, all'inizio l'Aids veniva indicato come la malattia che riguardava solo le fasce a rischio: i drogati, gli omosessuali e le prostitute. Poi si è capito che il pericolo non erano le persone, ma i comportamenti a rischio che potevano essere di tutti. Ti invaghisci di una bella ragazza, ci vai a letto e ti infetti, poi infetti tua moglie che non sa niente della tua scappatella. E via di questo passo. Tra i miei ragazzi, quando si è cominciato a parlare della malattia, c'era angoscia. E le autorità che dovevano affrontarla facevano errori clamorosi, arrivavano ordini assurdi e inutili...

Per evitare l'Aids?

Racconto solo un episodio: un giorno entro in comunità e riconosco un vigile sanitario che aspetta di essere ricevuto. Cosa voleva? C'è una circolare, mi spiega: da domani in cucina e in tavola dovete utilizzare solo stoviglie e piatti di plastica. Per evitare di allargare l'infezione dell'Aids...

Come vi regolaste in quella occasione?

Misi il vigile alla porta. Chi prendeva queste iniziative non si rendeva conto delle conseguenze. Ma tra ragazzi già spaventati, un provvedimento assurdo come quello avrebbe seminato ansia, panico. Erano tutti convinti di avere poche settimane di vita, di essere segnati...

Tra i suoi ragazzi ci sono stati certamente casi di malattia, morti...

La prima ammalata si chiamava Alessandra, era una ragazza bellissima, arrivata qui con un provvedimento del tribunale. Con noi aveva iniziato una vita diversa: aveva ripreso a frequentare il liceo scientifico interrotto anni prima e si era diplomata, poi si era iscritta all'università di Urbino. Ma col passare dei giorni si sentiva sempre più debole, non se ne capiva il motivo finché a Torino diagnosticarono la malattia: Aids. Allora non c'erano terapie, poi sarebbero arrivato l'Azt e poi i cocktail di farmaci abbinati all'Azt, il Retrovir. Oggi tutto è cambiato. Lei invece, già dopo sei mesi, era ridotta a pesare venti chili. Andammo insieme a suo padre a Lugano per comprare le prime confezioni di Azt.

Ed è con Alessandra che la comunità scopre sulla pelle l'Aids...

Sì, di fronte alle persone malate ci siamo trovati davanti a una scelta: individualismo o coraggio, isolamento o comunione, disprezzo o percorso di speranza. In quei giorni la comunità si era sentita aggredita, venivano fuori, all'improvviso, le ragioni di una società preoccupata di difendere i sani emarginando gli ammalati. L'Aids è una realtà tremenda ma c'è un fantasma che lo circonda, una paura che è più contagiosa della stessa malattia. Era contro quel fantasma che dovevamo lottare.

E i morti intanto si susseguivano.

Il secondo fu Nicodemo, un ragazzo forte che, essendo consapevole di essere un malato terminale, mi chiese come ultimo desiderio di morire all'interno della comunità. Io, come è nostra abitudine, ne parlai ai ragazzi: Nico sta per morire, mi ha chiesto questo, cosa ne pensate?

Un malato in mezzo ai sani, proprio il "fantasma" che cercavate di combattere...

Tutti avevano paura. Ma c'è un amore più forte della morte. Come facciamo a lasciare morire Nico lontano da qui, chiedo? Chi non se la sente di accogliere la sua richiesta, cambi comunità. Rimasero tutti...

E poi?

Poi fu la volta di Nunzia, poi di Nuccia e di Francesca. Tante ragazze. Nuccia l'ho sposata *in articulo mortis*, due giorni prima che morisse, col compagno che le aveva dato una figlia. Il vescovo di Acqui ci dette il permesso. E poi toccò a Davide detto "Nano", a Beppe, a Paolina e a Sergio che era un camionista e dopo aver chiuso con l'eroina era già tornato a guidare i Tir. La cosa atroce è che tutti i nostri morti di Aids erano riusciti a uscire dalla tossicodipendenza. Eugenio, Armando, Enrico. Tutti uccisi dall'Aids nel giro di due o tre anni, prima che i cocktail di farmaci allungassero le prospettive di vita. Siamo, oggi, in un periodo che possiamo definire "tregua". Ma le prospettive di avere una vita normale a lungo, per chi si infetta oggi, continuano ad aumentare.

La lotta all'Aids apre problemi di coscienza per un cattolico, voi avete fatto scelte coraggiose e "alternative": prima tra tutte quella di distribuire preservativi alle prostitute. Scienza e fede entrano in contrasto nella vostra opera?

Noi abbiamo riconosciuto criticamente l'autorità della scienza nel suo campo, abbiamo sempre ascoltato tutti: psicologi, pedagoghi, medici. Io porto però sempre un esempio che viene da un autore che stimo, Ronald Laing. Osservando una formazione di aerei se ne vede uno che non marcia insieme agli altri, il primo istinto è dire che quell'aereo è fuori rotta. Ma se invece fosse tutta la formazione, a essere fuori rotta?

La famiglia di un drogato: fino ad ora è rimasta fuori dal discorso, ma cosa possono fare dei genitori che scoprono all'improvviso che il figlio fa uso di sostanze?

La famiglia è sempre centrale. A volte, d'intesa con i servizi, è indispensabile iniziare una terapia familiare che coinvolga non solo il ragazzo ma anche i genitori. L'altro giorno ho incontrato un padre che usava parole durissime nei confronti del figlio, inserito in una comunità. Era ricaduto, si era drogato. Ma poi lo aveva ammesso. Ho spiegato a quel genitore che era inutile metterlo sotto accusa. Più che i rapporti coi familiari, però, il problema concreto che ci troviamo ad affrontare quotidianamente è un altro: spesso, ormai, una famiglia alle spalle dei ragazzi non c'è più.

IV
Le strade di Bocca di rosa

Alessandra, la prima ragazza morta di Aids nella comunità, l'avevo conosciuta perché una notte era venuta a bussare alla porta di San Benedetto, alle tre. Si drogava e di tanto in tanto batteva il marciapiede per procurarsi la dose. Un giorno era in crisi di astinenza, era arrivata alla stazione di Principe senza un soldo in tasca ma disperatamente decisa a procurarsi l'eroina. All'uscita in piazza Acquaverde l'aveva avvicinata un'auto con tre persone a bordo: ti diamo duecento se vieni con noi, le avevano detto. E lei aveva accettato.

C'è un filo sottile che unisce l'impegno della comunità di San Benedetto nella lotta alla prostituzione e all'Aids, un filo molto concreto. È quello delle storie e dei volti di tante ragazze che nel corso del loro cammino si sono trovate vittime di una doppia schiavitù e, per mantenersi all'eroina, sono finite sulla strada. Oggi le "tossiche" sono le ragazze più disperate sui marciapiedi della città: nella gerarchia dei derelitti sono precedute dalle squillo per appuntamento, dalle ultime italiane dei vicoli e dalle straniere da strada. Loro sono l'ultimo anello della catena: quelle pronte a andare coi clienti che non usano il preservativo pur di mettere insieme qualche euro in più.

Don Gallo, è venuto il momento di parlare della prostituzione, e il discorso riprende dalla storia di una ragazza che abbiamo già conosciuto: Alessandra, la prima vittima dell'Aids in comunità.

Quella notte, quando Alessandra ha suonato alla porta di San Benedetto era sconvolta e umiliata: i tre uomini dell'auto l'avevano portata al Righi, l'avevano scopata tutti, a turno, e poi l'avevano lasciata in mezzo alla strada con una moneta da duecento lire. Ti avevamo detto duecento, no?, le hanno detto. Prendile e togliti dai piedi. Quando le ho aperto la porta si è buttata a terra e ha iniziato a piangere come una fontana, era qui ai piedi del tavolo del mio studio. Poi mi ha raccontato la sua storia: quando ha finito di parlare le ho detto che, se voleva, poteva fermarsi qui con noi.

È esistita Bocca di rosa, la prostituta dei vicoli cantata da De André e avvolta da un alone di poesia?

Forse sì, ci sono storie delicatissime nate intorno al mondo della prostituzione. Tempo fa le lucciole di piazza Lavagna avevano adottato un'anziana che, da un giorno all'altro, si era ritrovata a vivere in mezzo alla strada. Si alternarono per darle qualche banconota per il pranzo, le assicurarono i vestiti di ricambio, le offrirono un posto per lavarsi nei "bassi" dove si appartavano con i clienti. Non c'è niente di strano in questo, non me ne stupisco: l'altruismo è spesso nel carattere di molte donne che fanno la vita. Ma la prostituzione da strada che incontriamo quasi quotidianamente è una realtà diversa, fatta di violenza e schiavitù. È per questo che era nato il bus della Lila, l'unità di strada per lottare in primo luogo contro il contagio dell'Aids.

Cos'è l'unità di strada?

È un servizio per andare incontro a chi non verrebbe mai da noi o in altre strutture. La Lila, Lega Italiana per la Lotta all'Aids, ha creato una sezione a Genova all'interno della nostra comunità e io ne sono diventato il presidente, il primo atto dopo la fondazione è stato andare sulla strada per capire il problema. Senza velleità di recupero o di redenzione delle ragazze, solo con tanta volontà di concretezza, per tendere una mano.

Come avviene il contatto con le prostitute da strada?

Con molta semplicità, offrendo quello di cui hanno bisogno. D'inverno soprattutto bevande calde, un panino, un maglione. E poi cerchiamo di aiutarle, per quello che è possibile, anche nei loro problemi igienici e sanitari. Per questo distribuiamo i preservativi e per questo, se qualcuna aveva deciso di abortire, l'abbiamo accompagnata in strutture pubbliche convenzionate, perché l'interruzione della gravidanza non avvenisse per i calci del protettore ma in un letto d'ospedale. Io, come cattolico e come prete, sono tenuto a dire a chi è credente che un determinato comportamento è peccato, ma non posso disinteressarmi di chi non la pensa come me. E tra le ragazze che avevano abortito, a distanza ormai di tre anni, qualcuna ha poi scelto liberamente di avere un bambino.

E il preservativo? La Chiesa in linea di principio non ne consente l'uso, anche se negli ultimi anni ha ammorbidito la sua posizione distinguendo il caso delle coppie sposate in cui uno dei coniugi è sieropositivo: la condanna non va all'oggetto in sé ma a una sessualità "disordinata".

L'abbé Pierre diceva ai suoi giovani: se uno si confessa da me e dice che ha avuto un rapporto sessuale senza essere sposato, gli dico che ha fatto peccato. Ma se mi dice che lo ha fatto senza preservativo, gli dico che è un criminale. È giusto predicare l'astinenza ma questo non toglie che bisogna anche confrontarsi con la realtà concreta. E la verità è che se l'Aids si trasmette sessualmente, il preservativo può essere una barriera: fragile finché si vuole, ma spesso è l'unica barriera che c'è. L'unica protezione possibile per chi ne fa uso e per gli altri.

Lei mantiene posizioni molto personali sui temi della morale, qualcuno l'ha definita un "prete da marciapiede". È mai stato colpito da provvedimenti delle gerarchie ecclesiastiche?

Mai, anche quando è stata resa pubblica la storia delle lucciole albanesi accompagnate ad abortire. Mi trovai davanti al cardinale Ersilio Tonini nel corso di un dibattito televisivo, spiegai le mie ragioni. Dissi che io intendevo mantenere la fedeltà alla mia Chiesa e per questo proponevo la sua dottrina, ma che non potevo non prendermi cura anche di chi in quella Chiesa non si riconosceva. Il primato della coscienza è una dottrina certa di fede. Dal cardinale non venne nessuna riprovazione...

E al momento della nascita dell'unità di strada non vennero critiche per la sua decisione di distribuire anche i preservativi?

Il vescovo a Genova allora era Giovanni Canestri, anche da lui non vennero richiami. Però lo ebbi a pranzo nella trattoria della comunità, la Lanterna, in occasione di una sua visita pastorale nel quartiere di San Teodoro, e in quell'occasione consegnò un'offerta per le nostre attività. Anche il cardinale Tettamanzi quando venne in comunità benedì il nostro lavoro. E lo stesso hanno fatto il suo successore Tarcisio Bertone prima che papa Ratzinger lo chiamasse in Vaticano alla Segreteria di Stato e poi il cardinale Angelo Bagnasco che ha definito la nostra comunità come un esempio della "fantasia del bene che si esprime con tanti volti diversi.

La legge Merlin ha portato la prima svolta nel panorama del mercato del sesso in Italia ed è entrata nella storia del costume italiano. Ma è stata una legge giusta?

La legge Merlin la citano tutti, ma quanti l'hanno studiata? Io l'ho letta per intero, a suo tempo. Ma anche la legge Merlin non basta scriverla sulla carta, bisogna applicarla. A Genova a suo tempo è nata una associazione, nel nome di Santa Caterina da Genova, con sedi al Carmine e in via Romana di Quarto. Proprio per offrire soluzioni alternative alle ragazze che cercavano di lasciare la "vita".

E oggi?

La legge Merlin può essere ulteriormente aggiornata ma il principio che la anima è profondamente umano e cristiano. Anche se, per ottenere più voti alla Camera, all'epoca venne lasciato in vigore il reato di adescamento che criminalizza la donna. La verità è che l'unico atto criminale nel mondo della prostituzione è lo sfruttamento.

Lei è favorevole alle cooperative del sesso?

Sì, lo Stato magnaccia era ed è insostenibile, bisogna dare la possibilità alle ragazze di creare cooperative autogestite in cui lo Stato non abbia parte. Non bisogna azzerare la Merlin, ma aggiornarla e applicarla in questo senso.

È possibile il controllo sanitario?

Se ci fossero servizi ai quali accedere con facilità, quale ragazza rinuncerebbe a tutelare la sua salute? Le prostitute sono da sempre le prime a chiedere che i controlli ci siano, senza schedature. Anche il numero verde che oggi si propone per denunciare gli sfruttatori è ben accolto, sta dando i primi risultati. C'è anche, al lavoro con nostri operatori, un camper della Provincia.

In strada si svolgono lotte tra disperate, tra tossiche e professioniste, italiane e straniere, bianche e nere...

Le prime lamentele sono iniziate, a suo tempo, dalle prostitute italiane quando sono comparse le tossiche, belle ragazze che portavano via il lavoro alle altre perché quando hanno la "scimmia", battono per quattro soldi. L'Aids è stato lo sconvolgimento: ed è incredibile come la scienza abbia tenuto all'oscuro per tanto tempo la gente dell'esistenza di un problema che già era conosciuto da tempo. Invece, il messaggio del pericolo dell'Hiv è arrivato come un fulmine a ciel sereno quando era già troppo tardi.

Poi, negli ultimi anni, arriva l'immigrazione sempre più massiccia delle straniere...

Sì, dopo i primi immigrati che erano quasi tutti uomini e venivano dal Marocco e dal Maghreb, sono arrivate le ragazze latino-americane, poi le nere con una presenza sempre più evidente. Infine l'Est, le ex Jugoslave, le albanesi. Una immigrazione ormai stabilizzata, cioè controllata. C'è un racket e ci sono risposte del tutto inadeguate, oggi in molti casi la xenofobia è cresciuta fino al razzismo.

E il vostro pulmino continua a girare, trovando problemi sempre diversi...

Fin dall'inizio siamo andati per ascoltare, senza volontà di proselitismo né di evangelizzazione forzata. Se oggi si parla di racket apertamente è anche perché questo lavoro di ascolto ha funzionato. Il primo giro lo ricordo bene, ero il responsabile e c'ero anch'io sul pulmino: lungomare Canepa, via Di Francia, corso Perrone. Otto anni fa, in quelle strade stava iniziando la prostituzione nera che oggi dilaga. L'approccio non fu facile, c'erano chiusura e paura, ma devo dire che non siamo mai stati minacciati o aggrediti dal racket.

Le ragazze straniere hanno mai bussato alla porta della sua comunità?

Solo accompagnate da clienti che le avevano prese a cuore. È successo, se n'è parlato: il caso più clamoroso fu quello di un giovane della Genova bene che si era innamorato di una prostituta nigeriana e l'aveva portata all'altare, altre vicende meno clamorose sono rimaste più nascoste.

Quando arrivano in Italia, queste ragazze credono di trovare una realtà diversa? Sono ingannate come si diceva un tempo?

Ormai no, lo sanno benissimo che cosa dovranno fare, la voce di chi è già qui è passata velocemente. Ma spesso sono mandate dai parenti, vendute come merce. In certi Paesi con poche migliaia di euro metti a posto le sorti di una famiglia, il racket anticipa i soldi a chi ha bisogno e poi guadagna sulla pelle delle persone.

Però il racket si arricchisce soprattutto perché ci sono i clienti: è una polemica vecchia...

È anche una affermazione che si può discutere: ci sono i clienti perché ci sono le prostitute. Non bisogna criminalizzare nessuno, l'unico obiettivo da colpire deve essere il racket, quindi lo sfruttamento. Anche se è ovvio che non può essere solo un problema di ordine pubblico, è importante una vera educazione sessuale per tutti. Se poi ci sono alcune ragazze che scelgono di guadagnarsi la vita con questo sistema, credo che nessuno dovrebbe stracciarsi le vesti scandalizzato. Così come gli attacchi ai clienti sono spesso strumentali: una lotta alla prostituzione condotta colpendo il consumo è impossibile dal punto di vista pratico, discutibile dal punto di vista etico. Per questo la soluzione è una sola.

Quale?

Governare il problema e gettare un salvagente a chi è in difficoltà. Perché sono stato marinaio e di fronte a un naufrago che sta per affogare penso prima a tirarlo in secca, poi mi preoccupo del resto. L'altra sera è venuta una ragazza che lavora in via Di Francia, era in difficoltà. Le ho chiesto quanto prendeva per le sue prestazioni: cinquanta? E io ti do cento, le ho detto. Però l'ho abbracciata fraternamente e l'ho salutata.

È la ciambella di salvataggio...

Come uomo, come prete e come coordinatore della comunità il mio obiettivo primario è questo: vita e salute, offerti a tutti come diritti inalienabili. Poi ci sono le proposte: l'etica cristiana. Io cerco sempre di presentare i principi della madre Chiesa, ma inseriti nella realtà concreta. Il Vangelo lo propongo, non lo impongo, con la consapevolezza che non ho la verità in tasca.

E il servizio pubblico? Nella lotta alla droga, lei dice che deve avere un ruolo di primo piano...

Il numero verde contro lo sfruttamento viene dal pubblico, il diritto alla salute è garantito dalla Costituzione ed è il punto di riferimento del nostro lavoro. La Provincia ha iniziato un lavoro con un gruppo creato al tempo della presidenza di Marta Vincenzi. Qualcosa si sta facendo anche in questo campo.

La prostituzione straniera che dilaga, le "tossiche". Bocca di rosa non esiste più...

Ma è esistita, oggi mi fermano le vecchie che, se hanno una certa età e fanno ancora questo mestiere, vivono in uno stato di precarietà e di bisogno. E i fiori del centro storico nascono ancora, come è successo in piazza Lavagna, quando proprio le lucciole hanno aiutato una donna in difficoltà. Lo hanno fatto solo loro, mentre tutti passavano chiudendo gli occhi o facendo finta di niente.

V

Il vecchio e il pescatore

Sono tanti gli amici incontrati in trent'anni di vita della comunità da don Andrea Gallo, ma uno ha un posto speciale: Fabrizio "Faber" De André, il cantore di *Bocca di rosa* e del *Pescatore*. Perché le sue canzoni esprimono lo spirito anarchico e ribelle di San Benedetto. L'animo inquieto che è stato un segno distintivo del cantautore è lo stesso di molti ospiti della comunità.

È un incontro nel nome della musica e della poesia. La comunità di don Gallo nasce ai margini della città vecchia, tra i vicoli e il mare: i personaggi delle canzoni di De André sono gli stessi che hanno trovato ospitalità a San Benedetto, persone che le canzoni hanno fissato per sempre. Come le prostitute dei caruggi, come Princesa, il viado brasiliano che è venuto realmente in visita alla comunità.

De André, anarchico e ateo in continua ricerca dell'infinito, è morto il 12 marzo del 1999. Un anno dopo, a quella stessa data, migliaia di persone sono scese in piazza a Genova per seguire un grande concerto in suo nome, per ricordare e continuare un discorso soltanto iniziato.

Don Gallo, è venuto il tempo di parlare dei suoi amici e di uno in particolare: Fabrizio De André.

De André è stato da sempre un grande amico della comunità, Dori Ghezzi ci ha subito contattato quando, a febbraio, è nato il progetto di organizzare un incontro nel suo nome per ricordarlo, dopo un anno, nell'anniversario della nascita. Quel giorno si è realmente riunita a Genova una folla enorme per celebrare questo poeta, cantore, musicista che in vita era stato capace di raccogliere il canto della prostituta e dell'emarginato.

E San Benedetto ha avuto un ruolo di primo piano, molto particolare, nell'organizzazione dell'evento.

Sì, gli organizzatori vollero che noi portassimo al Carlo Felice i rappresentanti di tutti gli emarginati della città, persone normalmente nascoste alle quali, per l'occasione, erano stati riservati duecento biglietti del teatro. Una idea importante per far partecipare alla serata anche chi non era mai uscito dal suo mondo, chi non era certamente mai entrato in un teatro.

Don Gallo, ma con queste iniziative non c'è il rischio di fare spettacolo sulle miserie umane?

Ma la vera novità è che quei duecento non furono emarginati in un ghetto. I loro posti erano sparpagliati in tutte le file tra gli spettatori paganti. Per questo pensammo anche a procurare a tutti un vestito della festa: doveva essere, per tutti, una occasione speciale.

Difficoltà?

No, salvo una di ordine pratico: al Carlo Felice l'ultima sera non si poteva provare perché c'era una rappresentazione dell'*Ernani*. Allora i musicisti sono andati a Milano, poi dopo la prova generale hanno sbaraccato tutto in fretta e sono ritornati appena in tempo per lo spettacolo: il teatro era stracolmo ma la vera folla era in piazza dove avevano allestito uno schermo gigante e un sistema di altoparlanti. Qualcuno era rimasto fuori perché i biglietti erano finiti, qualcuno perché non aveva i soldi per comprarli. Ma c'era anche chi l'aveva fatto per scelta, per sentirsi parte di una comunità, anche se l'audio all'aperto non era buono. Dal più umile al vip, tutti potevano partecipare all'evento. Ecco, in quella occasione i nostri ragazzi si sono sentiti considerati, forse per la prima volta cittadini di serie A.

Don Gallo, c'è stato anche un ritorno economico al termine di quella serata?

Sì, la comunità ha ricevuto un forte beneficio, 35 mila euro ricavati quella sera e i nostri ragazzi hanno ricevuto in omaggio libri e dischi della serata da rivendere. Noi viviamo della generosità di chi ci sostiene, oltre che dei contributi delle istituzioni e del nostro lavoro. I soldi ci servono per andare avanti, ma più ancora ci ha gratificato sapere che la famiglia di Fabrizio ci è ancora vicina, che non è finito tutto con la sua morte.

Chi era per voi "Faber" De André?

De André l'ho conosciuto agli inizi della sua carriera, poi ci siamo persi di vista, pur rimanendo vicini anche nelle vicissitudini personali. Ma le sue canzoni sono entrate via via nel repertorio della comunità. Una su tutte: *Il pescatore*.

Don Gallo, lei si riconosce nel pescatore di De André? È un vecchio col volto segnato dalle rughe che aspetta al sole e viene avvicinato da un assassino, col quale divide i segni della pace senza chiedere nulla in cambio...

È successo tante volte, di trovarmi a raccogliere la confessione di un penitente nelle circostanze più strane. Una volta sulle alture di Genova, chiamo un taxi e mi faccio portare qui davanti alla porta della comunità, poi chiedo quanto devo pagare. Il taxista si gira: don Gallo, mi dice, scusi l'ora ma io vorrei confessarmi.

E lei che ha fatto?

L'ho confessato lì dove eravamo, in strada. E un'altra volta a Roma, entro in Santa Maria degli Angeli, vestito col clergyman. Mi si avvicina una povera donna e mi prega di ascoltarla. Ma è capitato anche al ristorante: in corso Sempione a Milano un signore distinto mi ha invitato in un angolo e ha detto di essere pentito per un gesto commesso, gli ho dato l'assoluzione. Sono incontri casuali. Ma poi questi penitenti li seguo, si mantengono i contatti. Si ha la gioia di dare qualcosa: perché Dio è prima di tutto amore, se apriamo la porta riceviamo il dono della fede. E siamo noi che con fatica dobbiamo aprire quella porta.

Il pescatore di De André raccoglie una confessione terribile: un uomo che gli dice di essere un assassino.

È capitato anche a me, una persona si presentò alla porta di San Benedetto confessando un omicidio che la polizia non ha mai risolto, l'uccisione di una donna nel centro di Genova: era pentito e ha avuto l'assoluzione, perché Dio è amore.

Lei gli ha consigliato di costituirsi alla polizia?

Gli ho detto che doveva espiare per il gesto che aveva fatto e abbiamo cercato insieme il modo migliore per farlo. È tornato altre volte in seguito. Ma non gli ho mai chiesto il nome o altro. Oggi lotta, ogni giorno, per la vita degli altri.

Come il pescatore di De André: «Non si guardò neppure intorno/ ma versò il vino e spezzò il pane/ per chi diceva ho sete ho fame...».

Noi siamo nati all'ombra del pescatore, il nostro juke box umano, che si chiama Antonello e intrattiene i clienti nella trattoria della Lanterna, l'ha suonata chissà quante volte. De André era un poeta e ha saputo cantare il mondo dei vicoli, il nostro mondo.

E poi c'è un'altra canzone di De André che sembra nata qui, "Princesa", la storia vera di un trans brasiliano.

Princesa è stata realmente due giorni qui con noi, era una trans brasiliana finita in carcere a Rebibbia, già passata attraverso la casa editrice di Renato Curcio, Sensibili alle foglie. La ragazza riuscì ad avere un permesso dai giudici e venne con Curcio alla presentazione del suo libro. In precedenza avevamo avuto per molto tempo ospite un'altra trans che nessuna comunità voleva accettare, soltanto noi le aprimmo le porte senza difficoltà. Si chiamava Stella. Qui si trovò a vivere una esperienza importante, adesso è tornata in Brasile e ha iniziato una vita finalmente serena.

De André diceva di non essere credente e di essere convinto che la vita fosse solo quella terrena, ma ha cantato anche i Vangeli apocrifi e ha vissuto sempre come un uomo alla ricerca del significato della vita. Il rapporto tra il prete e il cantante: è tutto finito con la morte di Fabrizio?

No, è un rapporto che è rimasto vivo. Perché la famiglia di Fabrizio, per organizzare il concerto, poteva delegare tutto alla Provincia, alla Caritas o a un'altra istituzione. Ma invece ha scelto noi, che non siamo la comunità dei tossici come qualcuno vuole presentarci. Già il cardinale Siri lo aveva capito: qui le porte sono aperte a tutti, anche agli ultimi e agli esclusi, agli handicappati e agli anziani, agli omosessuali, alle lesbiche...

Don Andrea, gli amici della sua comunità sono tanti...

Sì, non contano le idee politiche né le convinzioni personali. Qui è venuto Romano Prodi prima di iniziare la sua campagna elettorale, è venuto il vescovo palestinese monsignor Cappucci con una dozzina di connazionali. Dario Fo e Franca Rame hanno mostrato più volte di essere amici. E tra le persone vicine alla comunità ci sono allenatori di calcio, cantanti: sono anni che Ligabue vuole venire a fare qualcosa per i nostri ragazzi, Baccini lo conosciamo da sempre, Piero Pelù quando è venuto in concerto al Palasport mi ha invitato insieme ad alcuni ragazzi: ha detto che Genova, per lui, è don Gallo e mi ha portato sul palco durante lo spettacolo. Tra i politici, Leoluca Orlando è venuto a mangiare alla nostra trattoria quando stava per diventare sindaco, Livia Turco è venuta al termine dell'ultima conferenza sulla droga a Genova. Sono piccoli segni.

Lei è conosciuto in tutta Italia anche perché non si è mai tirato indietro di fronte ai mass media, ha accolto più volte l'invito a andare in televisione...

I conduttori televisivi mi hanno chiamato un po' tutti: Minoli, Santoro, Lerner, Costanzo, sono andato sempre perché è importante anche far conoscere la nostra esistenza. «Il Secolo XIX» qualche anno fa mi ha offerto il premio dedicato al Genovese dell'anno. Un giorno mi chiama l'associazione Minerva che ha sede a Roma, mi chiedono se sarei disposto a entrare nella rosa dei candidati per un premio sull'emancipazione femminile. Dopo un anno mi richiamano, mi annunciano che il premio è stato assegnato alla mia comunità per l'impegno nella lotta alla prostituzione. Vado a Roma, dopo la consegna del premio dico due parole e alla fine mi viene incontro un tale: l'ex ministro Conso col quale, da quel giorno, siamo diventati amici.

Don Gallo, lei è un grande lettore, è vero?

Leggo almeno tre giornali al giorno, da sempre. E ogni giorno, da anni, ricevo non meno di due o tre lettere da carcerati che mi raccontano la loro storia, chiedono aiuto e offrono secondo le loro possibilità. Anni fa mi scrisse Giuliano Naria, accusato dell'omicidio del giudice Coco e poi scagionato. Appena tornato in libertà, dopo nove anni di carcere, sentì il bisogno di venire in visita alla comunità, Giuliano è morto due anni fa, a Milano, distrutto dal carcere. I suoi familiari hanno voluto a tutti i costi che io fossi al funerale, c'erano soltanto cinquanta persone e una bandiera rossa.

Ma lei ha aperto le porte anche a diversi brigatisti. Rocco Micaletto lavora nella sua piccola libreria sociale come bibliotecario, Renato Curcio è di casa a San Benedetto...

E anche Nicola Valentino che ha due o tre ergastoli. Ci siamo riconosciuti appartenenti alla stessa famiglia umana, si fa un percorso insieme: non è perdonismo, perché ognuno deve riconoscere le sue responsabilità e il risarcimento alla società è giusto che ci sia. E c'è, eccome se c'è.

È in buoni rapporti con i tribunali?

Quando un giudice mi chiede di accogliere qualcuno, non mi tiro mai indietro. Le porte della comunità sono aperte ma, ripeto, senza perdonismo. Un'altra persona che ci segue ed è diventata amica è l'ex ministro Fernanda Contri, tutt'ora il suo studio legale segue i nostri minori gratuitamente. Quando era ministro, volle trascorrere una giornata all'interno della comunità per discutere il problema della tossicodipendenza. Finché a Palermo nel 1993 si incominciò a parlare di "riduzione del danno" alla prima conferenza sulla droga.

E i rapporti con altri gruppi cattolici?

Fin dai primi anni siamo stati in contatto con don Enzo Mazzi dell'Isolotto, un grande amico. E poi ci hanno seguiti padre Turoldo, padre Balducci, don Tonino Bello. La radice è questa comunità di base biblica, ecclesiale, dove c'è spazio sia per le diverse religioni, dai valdesi ai protestanti, sia per gli atei. Perché la comunità ecclesiale ha le braccia aperte.

Lei si definisce amico degli ultimi. Ma chi sono i vostri benefattori?

Racconto solo un episodio che risale a qualche anno fa, quando c'erano ancora le vecchie lire. Un giorno viene a cercarmi in comunità un vecchio artigiano, aveva più di ottant'anni e lo conoscevo bene: si chiamava Rosario Bucalo ed era un comunista impenitente: siete rimasti solo voi in difesa degli ultimi, mi dice, io ormai non vivrò più a lungo e vi voglio dare venticinque milioni. Credevo fosse ubriaco perché sapevo che aveva sempre vissuto lavorando e tirando la cinghia.

E invece?

Invece aveva realmente da parte quella somma, i risparmi di una vita: desiderava che una parte del suo patrimonio andasse agli ultimi, non alla comunità o a don Andrea Gallo ma ai poveri che noi assistiamo. Siamo andati a casa sua due volte e ci ha dato quella somma, poi è stato ricoverato in ospedale per un tumore e una delle nostre ragazze lo ha assistito fino a quando è morto serenamente. Ecco chi sono i nostro benefattori, soldi dai ricchi non ne abbiamo avuti molti. Arrivano i cinque euro della pensione minima della pensionata del palazzo di fronte. Quando vado per la strada dovrei essere milionario per accontentare tutti, tanti mi fermano e chiedono. Però poi è proprio la gente semplice che si sacrifica. "La c'è la Provvidenza", dice il Manzoni...

C'è un'altra storia che una volta ha accettato di raccontare: quella di un immigrato che ha vinto un premio letterario in carcere e ha devoluto a voi l'intera somma guadagnata, anche se per lui era una piccola fortuna...

Quell'immigrato è finito in carcere per una storia di droga, ha scritto un breve racconto col quale ha partecipato a un concorso promosso dal ministero di Grazia e Giustizia, si chiamava "Parole in libertà". Ha vinto e mi ha scritto una lettera commovente: non poteva andare personalmente a ritirare il premio, così pregava me di farlo, voleva che quella piccola somma servisse ad altri, più sfortunati di lui. E quella volta fui ricevuto dal presidente Ciampi al Quirinale.

VI
L'ultimo hippy

Sono molte le storie vissute all'interno della comunità, centinaia i volti di ragazzi passati a San Benedetto in cerca di un motivo di speranza. Alcune vicende potrebbero essere raccontate coi toni della favola: la caduta, la lotta, il riscatto. Ma fra tanti ragazzi "in transito" c'è un nome che ancora viene tramandato con affetto, quello di Claudio Parodi. L'ultimo hippy di Genova, poeta e sognatore.

È una storia senza lieto fine perché Parodi, al contrario di molti altri, in apparenza non ce l'ha fatta: nelle fredde statistiche, il suo nome rimane tra quelli dei vinti, ucciso da un'overdose di eroina alla stazione di Principe il 24 settembre 1983. Ma chi gli è stato vicino all'interno della comunità vede anche nella vicenda personale di Claudio Parodi motivi di speranza, tanto da farne un esempio per chi ancora sta lottando. Ed è anche nel tramandare la storia degli ultimi e dei vinti la particolarità di San Benedetto, una comunità dove le persone sono apprezzate per quello che sanno e possono fare, senza giudizi.

Claudio è a pieno diritto un "ragazzo di San Benedetto". Perché negli anni strappati alla strada ha saputo dare amicizia e amore, cantando un mondo tutto suo in una sua breve lirica: «Mi hanno detto che da una terra arida può nascere un fiore e io ci credo/ mi hanno detto che il mondo sta morendo per mancanza d'amore/ e io, assolutamente, non ci credo».

Claudio veniva da Mele – ricorda don Andrea Gallo –, suo padre lavorava nelle cartiere, aveva tre figli, due maschi e una femmina. Gente laboriosa della valle: i Parodi.

Don Andrea, cominciamo dall'inizio.

Un giorno suo padre, considerato da tutti un bravo operaio, venne sorpreso mentre tentava di rubare qualcosa all'interno di un fabbricato dell'azienda e venne licenziato. La storia di disgregazione familiare che fa da sfondo alla vicenda inizia così. Il papà di Claudio, dopo quell'episodio, venne assunto alla nuova autostrada allora in costruzione, la Savona-Voltri. L'incontro con la giustizia e con il carcere e lo sradicamento dalla sua valle, da un posto di lavoro familiare, lo trasformarono. Era sempre ubriaco, lo sarebbe stato anche al funerale di suo figlio, anni dopo: completamente ubriaco con un gran mazzo di fiori in mano. La mamma di Claudio, non reggendo più la situazione, si uccise dandosi fuoco.

Ed è così che Claudio cresce orfano passando da un collegio all'altro. Conservando sempre il ricordo della madre, dicono i suoi amici di allora...

Sì, ha scritto in una poesia di quel tempo dedicata a lei: «Regalava tristezza/ senza neanche sapere/ che il suo pianto lontano/ mi bagnava la mano».

Come arrivò da voi?

Fu dopo l'incidente. Nel 1973 un incidente stradale gli cambiò la vita, rimase in coma per più di un mese e poi non fu più la stessa persona. Se prima lavorava regolarmente, adesso proprio non ce la faceva più. Dopo mezz'ora gli tremavano le mani, gli bruciavano gli occhi. Fu dopo il coma che si sviluppò in lui un'inattesa capacità letteraria che prima non aveva mai manifestato. Cominciò a scrivere poesie dove gli capitava, su pezzi di carta straccia, sulle agende della comunità. La nostra casa è ancora piena dei suoi quaderni.

Come viveva prima di incontrarvi?

Quando arrivò a San Benedetto nessuno lo voleva, aveva alle spalle numerosi ricoveri in ospedali psichiatrici perché più volte si era spogliato in strada, si era arrampicato su qualche monumento. Lo avevano anche pizzicato a rubare alla Rinascente e nei supermercati, non era un ladro e quando ci provava si faceva sempre prendere. E poi per mettere insieme quattro soldi usava la fantasia: faceva lotterie in piazza De Ferrari.

Lotterie?

Chiedeva soldi e prometteva: primo premio, una poesia scritta per il vincitore. Oppure: mezz'ora da trascorrere in compagnia dell'autore. La sua stravaganza si manifestava così, era un personaggio conosciuto e benvoluto malgrado tutto. Tante volte si arrampicava in cima al monumento a Garibaldi di fronte al teatro Carlo Felice e ci restava fino all'arrivo della polizia.

Perché?

Gliel'ho chiesto tante volte, lui rispondeva: perché da lassù le persone sono tutte piccine così, ed è una grande soddisfazione.

Claudio Parodi era conosciuto, in città, per queste sue stravaganze. Ma oggi si direbbe: è uno sbandato, o peggio.

Claudio era non solo conosciuto ma amato da chiunque, non avrebbe mai fatto male a una mosca. Era un estroverso che vestiva con camicie sgargianti, medaglioni enormi sul petto, da figlio dei fiori. Un giorno gli venne diagnosticato un principio di Tbc, facemmo tutte le pratiche per mandarlo al sanatorio di Sondalo, presso Sondrio. Ma dopo una settimana che era là inscenò una finta manifestazione di schizofrenia, tanto che venne cacciato e ce lo ritrovammo qui.

Era un caso clinico, più che un caso umano?

Io, dopo anni che era San Benedetto, lo sentivo come un figlio. Ricordo che ne parlai al professor Vito Guidi, psichiatra a Voltri. Gli dissi: facciamo un tentativo, troviamogli una struttura che lo possa accogliere. La comunità se ne farà carico per qualche mese. Ma lui: per Claudio non esiste una clinica, se volete il suo bene tenetelo da voi.

E San Benedetto fu la sua casa fino alla fine.

Io a volte gli chiudevo la porta, qui non vieni più, dicevo. Dopo una di queste scenate esco dalla porta a tarda sera e lo trovo in via San Benedetto, completamente nudo. Gli dico: cosa fai, dove hai messo i vestiti, non ti accorgi che fai schifo? E lui: i vestiti li ho messi sul cancello della chiesa. Era il suo modo per farmi capire che casa sua era qui.

Claudio era un tossico?

No, ogni tanto incontrava qualcuno che gli offriva un buco e allora accettava. Può sembrare incredibile ma questo era il suo modo di offrire solidarietà ai drogati. Lo stesso accadeva con gli alcolici: se qualcuno gli offriva da bere, beveva.

Raccontano che Claudio Parodi, a volte, se ne andava dalla comunità.

Sì, succedeva che si allontanasse per due o tre giorni. Ma telefonava sempre: sto bene, sono a Monterosso o a Voltri, sto scrivendo poesie. Tutto a posto. Amava viaggiare, andò anche a Sotto il Monte, il paese di papa Giovanni, quasi in pellegrinaggio. Ci fu un periodo che insisteva perché voleva andare a vedere Roma: non c'era mai stato.

Andò?

Fece tanto che gli feci io stesso il biglietto e gli diedi anche qualche soldo. In quel periodo a Roma stava nascendo uno dei primi centri sociali, il Prenestino, lui ne aveva sentito parlare e si era infatuato. Ma nel giro di ventiquattr'ore era di nuovo qui. Gli chiesi spiegazioni di quello strano comportamento: fai tanto per andare, poi pigli il treno e torni subito?

E lui?

Vedi Andrea, mi disse, quando sono uscito dalla stazione ho visto che tutta la gente andava di corsa. Sono rimasto terrorizzato. Per questo sono tornato indietro in fretta, di nuovo a Genova.

Come morì?

Erano tre mesi che tutto per lui sembrava andare bene, stava attraversando un periodo di grande creatività, avevamo fatto pubblicare un libriccino con alcune sue poesie che lui portava gelosamente sotto il braccio. La morte fu un fulmine a ciel sereno. Probabilmente a ucciderlo fu un miscuglio di alcol e droga, se fosse caduto in strada qualcuno lo avrebbe soccorso e salvato, come era avvenuto altre volte. Invece per qualche motivo si andò a chiudere nel bagno della stazione di Principe e questo gli fu fatale: venne trovato solo il giorno dopo quando era già tardi. Fu una tragedia che colpì tutti, alla comunità. Al funerale la chiesa era stracolma.

La chiesa di San Benedetto?

Sì, non bastava a contenere tutti, benché la notizia fosse girata solo col passaparola. Accanto all'altare c'era una corona di fiori immensa: l'avevano voluta i tossici dei vicoli, tassandosi per Claudio. Fu una cosa mai vista prima e destinata a non ripetersi mai, malgrado le tante morti da overdose degli anni successivi, fino a oggi.

Don Gallo, è una storia che finisce male. Si conclude con una morte di overdose, quando ancora i giornali dedicavano grandi notizie in cronaca alle tragedie della droga.

Eppure Claudio è una conferma dell'esigenza di rispondere ai bisogni dei giovani: la sua morte ci insegna la necessità di proporre possibilità concrete di studio, lavoro, luoghi di svago. Ma a monte di tutto, nel lavoro che dobbiamo affrontare, c'è il rispetto dell'autodeterminazione della persona. L'autodistruzione consapevole di Claudio diventa un messaggio prepotente se viene letta sotto questa luce, la sua morte è quella di una Cassandra incompresa.

Una provocazione, l'ultima di un poeta?

Sì, davanti alla morte tutte le pedagogie, tutte le agenzie educative si devono mettere a confronto. Come davanti alla formazione di aerei di cui parlava Laing, vedendo un aereo che non vola insieme agli altri: è l'aereo fuori rotta, o è tutto il resto della formazione a esserlo?

VII
La parola ai testimoni

Un martedì qualsiasi nella sede della comunità di San Benedetto, in via Andrea Doria alle spalle della stazione di Principe. Il mondo dei vicoli è a due passi. Ma nello stretto corridoio che porta verso i pochi locali interni c'è una folla di gente, stranieri, clochard. «Cosa mi manca?» chiede una donna sudamericana. «Camisa, un po' di gonna. E pantaloni.»

Lilly Zaccarelli, factotum della comunità. «È il giorno della distribuzione dei vestiti usati» spiega Lilly, la persona che cura l'accoglienza degli ospiti in quel porto di mare che è la comunità. Lei è con don Andrea da un quarto di secolo «ma prima ero stata in Emilia nel gruppo di don Lorenzo Braglia. Stipendiata? Macché, è stata una scelta di vita. Ho scelto San Benedetto quando mi sono accorta che qui ogni persona, al mattino, è una persona nuova senza più pensare a quello che era il suo passato. Me ne sono accorta subito e mi sono fermata.»

Lilly, qui le persone si chiamano solo per nome, cammina appoggiandosi a una stampella. «La differenza a San Benedetto è il fatto di camminare insieme con gli altri. È un pensiero che ti toglie ogni pregiudizio, con la consapevolezza che non si è mai arrivati.»

Qual è il suo compito? «Cambia in relazione alle esigenze della comunità, faccio la portinaia, curo l'accoglienza, quando è ora di fare la mamma faccio anche la mamma. C'è un ragazzo di trentotto anni che soffre di problemi mentali, chiama me mamma e il Gallo papà, dice che ha avuto due madri e due padri. Da quando il padre vero è morto, dice che ha un papà in cielo e uno in terra.»

Fuori, il via vai di gente continua. «Facciamo settanta bigliettini ogni volta che c'è la distribuzione,» spiega Lilly Zaccarelli «così cerchiamo di mantenere un po' d'ordine. Poi, finiti i primi settanta, se resta qualcosa può entrare chi è rimasto indietro.»

«E questo cos'è?» chiede qualcuno mostrando una scatola da cui spunta un velo bianco. «È un vestito da sposa.» In comunità? Ma che ci fa un velo bianco tra drogati e barboni?

La prima lezione sull'anima vera di San Benedetto viene da quel velo bianco. «La prossima settimana abbiamo un matrimonio, si sposa una ragazza che si è disintossicata qui con noi dopo essere stata in carcere, speriamo che abbia smesso davvero. Il marito è un marocchino. Ha chiesto al Gallo se la può aiutare a fare una piccola festa e allora ci prepariamo a festeggiarla nella nostra trattoria di Mignanego.» Vuol dire che le offrirete il pranzo di nozze? «Finirà così.» Ma quel velo bianco? «Quello ce lo ha regalato una sposa, a lei non servirà più, ha voluto che andasse a un'altra persona che ne ha bisogno. Soprattutto le sudamericane ci tengono tantissimo alla cerimonia nuziale, è bello che possa essere un giorno diverso.»

Diverso come la comunità. Se chiedi, se scavi, scopri che alla Lilly un negozio specializzato in abiti da sposa, qualche tempo fa, prima di chiudere ha regalato una quindicina di abiti. Magari non all'ultima moda, magari un po' stropicciati per la lunga permanenza in vetrina. Ma comunque abiti da sogno.

«Sono stati già distribuiti tutti» ammette la donna «e quante feste per chi li ha ricevuti...».

Domenico Mirabile, presidente dell'Associazione San Benedetto. «È cominciato tutto nel 1979 quando avevo poco più di vent'anni, ero forse un po' sbandato e volevo aiutare un cugino che si faceva buchi con l'eroina. Mi ero interessato a cercare una comunità per farlo ricoverare e qualcuno mi aveva detto: c'è un prete che lavora a San Benedetto, può essere utile. Lo accompagnai, lui si è fermato e mi sono fermato anch'io.»

Cosa c'è a San Benedetto che attrae un giovane tanto da cambiargli la vita? «Avevo venticinque anni ed era un periodo un po' di crisi. Mi piacque l'ambiente, avevo voglia di prestare un servizio. Cominciai così: al giorno lavoravo in una ditta di telefonia dove sono rimasto dieci anni, alla sera venivo in comunità a dare una mano. Era una scelta, allora si diceva "scelta partecipativa". Il fatto è che all'improvviso lascio amici, conoscenti e anche la ragazza per buttarmi a capofitto in una esperienza nuova. Allora ero fidanzato, lei aveva paura di fronte alla droga, la sentiva come un problema troppo grande. Io ho mollato tutto.

«Ancora oggi sono un confuso, cerco di vivere nel modo migliore giorno dopo giorno, come mi ha insegnato il Gallo. Di lui posso dire che è un uomo, tutto quello che ognuno vorrebbe essere. Stargli dietro non è facile. È anche odioso, a volte. È instancabile, una bestia che non si ferma mai, qualcosa di sovraumano. Non l'ho mai visto con una linea di febbre, eppure è più facile che dorma in poltrona o in auto che non a letto. Adesso è sistemato nella stanza più piccola con quattro tossicomani dentro. Il parroco, un sant'uomo, ha la sua stanza: il Gallo no.

«Sono sincero, non si finisce mai di conoscerlo. Sono qui da vent'anni e ha ancora la capacità di sorprendermi. Non bevo tutto quello che mi propone, sono anche critico, però ascolto e poi spesso digerisco quello che mi dice. È un punto di riferimento.

«La mia storia è questa, adesso vivo a Santo Domingo dove abbiamo iniziato un'attività, quasi una scommessa. È capitata l'occasione di un terreno sull'isola, volevamo infilarci come un tarlo e portare qualcosa di diverso. Si pensava a un bar, a una attività. Alla fine si è deciso per un hotel, la prima regola che ci siamo dati è quella di è reinvestire in loco tutti i guadagni.

«Io ci sono finito per caso, ero presidente dell'Associazione Comunità di San Benedetto. Quando ci siamo resi conto che non si poteva gestire l'operazione dall'Italia, qualcuno mi ha detto: perché non vai tu? Parto e vado senza sapere una parola di spagnolo, sette mesi e poi torno indietro nel febbraio del 1993. Poi torno ancora.

«Abbiamo un piccolo villaggio turistico un po' particolare, perché i nostri ospiti si lasciano coinvolgere dalle attività della comunità, i medici dedicano qualche ora a fare studio per chi ha bisogno, abbiamo creato anche una "clinica rurale" dove si cerca soprattutto di fare prevenzione con due piccoli ambulatori. Ognuno offre quelle che sono le sue capacità. Cerchiamo di essere di supporto alle istituzioni locali senza sostituirci a nessuno.

«Anche sull'isola sta nascendo il problema della tossicodipendenza. Santo Domingo è sempre stata una via di passaggio della droga, terra di turismo e di soldi, ora sta iniziando l'uso di cocaina e marijuana, nella capitale è comparsa anche l'ecstasy.

«Il problema più grave è l'analfabetismo, gli adulti al 90 per cento non sanno leggere e scrivere. Abbiamo iniziato con una scuola serale di un'ora al giorno che era, per molti, una occasione per conoscerci. L'anno dopo il governo ha proclamato l'anno dell'alfabetizzazione nazionale e abbiamo aderito, qualcuno ha risposto. Noi siamo sull'isola per dare l'input iniziale: poi le iniziative devono andare avanti con le loro gambe.»

Franco Cifatte, ex leader del Movimento studentesco cattolico genovese. «Erano anni di grande fermento. A cavallo del '68 i cosiddetti cattolici di sinistra avevano partecipato a pieno titolo al Movimento, alle occupazioni e all'elaborazione teorica. Nell'accostarci alle problematiche della comunità cristiana portavamo con noi una forte esigenza di radicale rinnovamento: l'atteggiamento critico verso i fatti politici, verso la società unidimensionale, verso le forme più o meno esplicite o subdole di imperialismo totalizzante sugli uomini, sulle società, sulle coscienze, tutto questo era drammaticamente esploso ed era ormai diventato patrimonio comune e condiviso da tutti noi. Forse difettavamo di altrettanta autocritica, è vero, ma ben pochi allora ci aiutarono davvero in questa operazione dai difficili equilibri.

«Quelli erano gli anni del Vietnam e della repressione di Praga. Né gli americani né i russi potevano esserci di modello: noi cercavamo un nuovo ideale di libertà illuminata.

«Io a quel fermento ho partecipato fin dagli anni del liceo, quando ero rappresentante degli studenti al D'Oria, insieme a me c'era anche Massimo D'Alema.

«Era da poco terminato il Concilio Vaticano II e sul versante ecclesiale si era verificata una rivoluzione copernicana: la gerarchia ecclesiastica, era stato ribadito, doveva essere al servizio del "popolo di Dio", non viceversa. La Chiesa dei poveri era posta al centro della ricerca teologica e delle preghiere dei fedeli, mentre il dialogo tra credenti e non credenti era indicato come una meta giusta da perseguire, nella costante e attenta distinzione tra l'errore, da correggere, e l'errante da affiancare nella comune e solidale liberazione dal peccato. L'ascolto della parola di Dio, nei Vangeli e nella Bibbia intera, era riportato al centro della cultura cristiana. Si ricercava l'essenzialità della Chiesa. Il primato della coscienza e della sua libertà veniva riaffermato quale valore assoluto.

«Il mondo giovanile cattolico genovese, allora, ruotava

in buona parte attorno alla Fuci e alla gioventù studentesca di don Giacomino Piana. Un altro movimento importante, al Carmine in quegli anni, era quello degli scout, attraverso il quale si era creata una rete di famiglie che si allargava fino a Castelletto. Ho contato almeno una ventina di famiglie che oggi diremmo di borghesia cattolica illuminata: i Pedullà, i Montanari, i Costaguta, i Romanengo, i Medina, i Manzitti, i Passerone, i Rovida, i Terrile, gli Haupt, i Guelfi, i Fera... se c'era una cosa importante, tutte queste famiglie venivano a saperlo nel giro di poche ore. Tutti avevamo seguito il Concilio ed eravamo entrati nel Movimento studentesco, dove la componente cattolica era ben presente ed era anzi, a Genova, di notevolissimo rilievo.

«C'è una data per noi importante. Il 3 gennaio del 1969 nasce il movimento di San Camillo, per esprimere solidarietà all'Isolotto di Firenze e manifestare quello che potremmo chiamare, nei confronti della chiesa "siriana", un dissenso cattolico. San Camillo si scioglie nell'estate successiva ma si diffonde nelle parrocchie. Io vado al Carmine, dove don Gallo diceva messa alle undici. Ricordo la prima predica che ascoltai: parlava di Jacqueline Onassis, un minestrone incredibile, disorganico. Però ascoltarlo era affascinante, si capiva che quel prete era uno che ragionava sulle cose. Avevo incontrato uno che non faceva le solite prediche e incarnava il vangelo nella nostra storia quotidiana.

«Don Gallo non è un "gran predicatore": dell'oratore gli mancano l'ordinata esposizione delle idee e, spesso, la "consecutio" logico-sintattica. È invece un ottimo comunicatore: comunica per flash, per frasi brevi e evocative, a volte per slogan. Ma suscita l'emozione e l'attenzione costanti con un parlare semplice, sincero, coinvolgente.

«Don Andrea, però, è sempre stato un grande ascoltatore. Ascolta concentrato, assorbe quello che ha ascoltato, lo fa suo, a volte lo digerisce e a volte no, lo ritrasmette. Quella di saper ascoltare è, penso, la sua caratteristica più umana. Andrea sa far parlare chi sta con lui, sa leggere a fondo nelle parole e nei silenzi del suo interlocutore. E meno l'interlocutore è capace di parole, più Andrea gliele legge nella mente e nel cuore. Don Gallo è uno che ascolta, sempre.

«Come dare, allora, organicità ai pensieri di quelle prediche? La risposta venne presto fuori: riagganciandoci alla Bibbia. Nacque un gruppo di ascolto biblico, collegato agli scout che già si riunivano al Carmine. Tutti i lunedì ci trovavamo in una saletta all'Olivella, leggevamo i brani delle letture della domenica successiva e ne discutevamo. Fu un'esperienza incredibile. La prima volta eravamo in cinque: oltre a don Gallo c'era don Balletto, Cesare Fera, ingegnere e urbanista, mia sorella e io. Ma nel giro di un mese e mezzo eravamo tanti che non stavamo più nella saletta, a distanza di qualche tempo era così piena che c'era gente che rimaneva fuori. A una messa domenicale contammo trecento comunioni. Tutto questo cominciava a preoccupare la Curia.

«Per capire quello che era il nostro gruppo, bisogna capire cos'è il Carmine. Il quartiere rappresentava, e in parte è ancora così, un particolarissimo caso di sacca di sottoproletariato urbano nel pieno centro della città, a un passo dal quartiere ricco di Castelletto e a pochi metri dalla zona universitaria. Un quartiere del tutto ignorato e dai più evitato.

«Lì si trovavano i nostri immediati interlocutori, i naturali compagni di strada nostri e soprattutto di don Gallo: Jeannot il contrabbandiere algerino scappato di galera, Milena la prostituta mezz'ammazzata dall'amico, Cebbale "re dei poveri" raccoglitore di cartoni e di stracci, Mario il fabbro "o pedann-e". E poi il drogato perso, una figura allora non comune come oggi, il ladruncolo genovese che aveva fregato i compari "cabibbi", l'ubriaco di professione che voleva parlarci di papa Giovanni.

«Era un'umanità dolce e disperata che accoglieva don Gallo, e noi con lui, con affetto. Don Andrea aveva la tonaca perennemente lordata di giallo ocra: allora fiutava in continuazione tabacco in polvere e metà gli cadeva addosso. Si aggirava giorno e notte per quelle *crêuze* mattonate, entrava nei tuguri più fatiscenti, si avventurava nei locali dubbi dalle luci smorte, rancidi di fumo, dai quali ogni "buon sacerdote" si sarebbe dovuto ben guardare. Ebbene, don Gallo ascoltava "quella" gente. E insegnava anche a noi ad ascoltare, magari per ore in mezzo alla strada in piena notte, mentre le automobili ci passavano al fianco.

«Una volta mi confessò: "Vorrei aprire un bar. Chiamarlo Bar Abba. Te l'immagini? Ci vediamo tutti da Barabba, sai che ridere in Curia...".

«"La parola ai poveri", aveva insegnato don Mazzolari. Andrea cercava, così, di mettere in pratica quell'insegnamento. Non parlava "ai poveri", né "per i poveri" o al loro posto. Lui si limitava a lasciargli la parola e ad ascoltarli, una buona volta. In questa situazione don Gallo camminava sulle orme stesse di don Bosco: non ha mai tradito la sua vocazione salesiana.

«Il gruppo del Carmine aveva già un progetto di recupero per prostitute, si voleva fare una casa di accoglienza. Ricordo che una notte di quell'inverno don Andrea venne svegliato alle tre perché c'era una donna in camicia da notte che correva in mezzo alla strada urlando. Lui accorre, la trova: poco più di uno scheletro, era una prostituta che aveva vissuto una vita terribile, di violenze e di stupri, incontrando anche la droga. Poi si era innamorata perdutamente di un uomo che la teneva rinchiusa in una stanza, segregata dal resto del mondo, col nastro adesivo alle finestre. Da un anno o due non usciva e non parlava con nessuno. Don Gallo la salvò da una situazione insostenibile e la ricoverò, all'insaputa di tutti, in canonica.

«Quella donna sembrava uscita da Mauthausen, era malata, sporca, pelle e ossa. Chiamammo un medico e cominciammo a nutrirla a brodini, a darle gli antibiotici e le medicine che le vennero prescritti. All'epoca ero studente di medicina: nel giro di due o tre mesi quella donna cominciò a partecipare ai nostri gruppi e alle nostre riunioni. Poi il legame psicologico col suo uomo fu più forte e se ne andò.

«Dalla Curia iniziarono pressioni più o meno eleganti per ricondurre don Gallo all'ordine, si protrassero da settembre del 1969 al maggio del 1970. Gli proposero una parrocchia alla Capraia. Ma don Gallo fu convocato in Curia e si appellò al diritto canonico che consentiva il rifiuto del "beneficio ecclesiastico", cioè della promozione a parroco. Non ci fu possibilità di trasferirlo.

«Quando si arrivò all'allontanamento, bastò un segnale e il legame forte di cui parlavo tra quelle famiglie di Castelletto fece sì che si sapesse subito e nascesse uno schieramento. Allora don Gallo non era solo il prete degli emarginati. Era anche, in parte, il punto di riferimento della borghesia cattolica progressista.

«Per noi è stato ovvio stringerci a lui nel momento della repressione curiale. Veniva repressa, insieme a don Gallo, la nostra stessa ansia di un cristianesimo a portata d'uomo.

«La Curia ci fece terra bruciata intorno. Per Andrea furono sette o otto mesi di vera tortura. Siri lo lasciò senza punti di riferimento, senza una chiesa dove dire messa. Ricordo che un sabato pomeriggio don Gallo e io andammo insieme alle Nasche, da soli, a San Desiderio. Erano le tre e mezzo di un pomeriggio assolato e il parroco don Caviglione non c'era: il prete che lo sostituiva avrà avuto ottant'anni, parlava in genovese e diceva che proprio non poteva accontentarci, supplicava di lasciarlo in pace e ci offriva, in cambio, pane e salame. E don Gallo, ridendo come un matto: "Ma io ho il celebret, mica mi hanno ritirato il diritto di celebrare". Non ci fu verso.

«Ma Siri non aveva fatto bene i suoi conti. Vengono in mente le parole della Scrittura: "Guai ai pastori che disperdono il gregge". E quelle altre di Claudel, "Dio spesso scrive dritto su righe storte".

«In quei giorni don Andrea era ospite a pranzo e a cena di alcuni amici, i più assidui erano Cesare Fera, Franca Guelfi e mio padre. Viveva di carità e Siri lo sapeva benissimo: lo aveva messo apposta in quelle condizioni. Finché un giorno a pranzo a casa dei miei, mio padre gli disse: perché non chiami don Federico a San Benedetto? Cominciò tutto così, il 6 dicembre. L'8 dicembre, festa dell'Immacolata, nasceva la comunità di San Benedetto.

«All'inizio i frequentatori del Carmine lo seguirono, si voleva dir messa alle undici ma era già destinata al parroco. Così l'appuntamento venne spostato a mezzogiorno.

«In quegli anni l'esperienza di don Gallo non era l'unica in città. A Oregina si era costituita la comunità riunita intorno al parroco, padre Zerbinati, che era stato allontanato, malgrado la larghissima opposizione dei parrocchiani, perché "non allineato". La storia è lunga e complessa: ricordo solo che tre frati uscirono dal convento dei francescani. Don Gallo teneva un atteggiamento più morbido, sotto l'aspetto dell'obbedienza al vescovo, questo gli garantiva inattaccabilità sotto il profilo giuridico: se non offriva appigli, come potevano farlo fuori? Evidentemente dai salesiani aveva studiato bene il diritto canonico: non fece mai gesti o passi che lo potessero bruciare.

«Col senno di poi fu la sua salvezza: potevano cacciarlo e buttarlo fuori, come invece avvenne per Zerbinati. Possiamo ora dire che la permanenza all'interno della struttura ecclesiastica ha consentito alla comunità di San Benedetto una efficacia che invece la comunità di Oregina non ha, purtroppo, più potuto esercitare.»

Lara Oliboni, addetta alla bottega di vestiario usato della comunità in via Posta Vecchia. «Il Gallo l'ho conosciuto che ero bambina, avrò avuto sei anni. È stata mia madre a battezzarlo "il vecio", un nomignolo che ancora si porta addosso. Mia sorella era stata ricoverata in comunità per problemi di droga, io venivo a trovarla. Forse decisi già allora. Mia madre stava male, morì quando avevo dodici anni. Dissi che volevo vivere lì.

«Don Andrea era come un nonno, poi con gli anni ho cominciato a sentirlo più come un padre. La prima cosa che mi colpì entrando in comunità era vedere come tante diversità si trovavano insieme: vedevo il tossicodipendente e l'alcolista, le persone con i problemi più diversi non necessariamente legati a una sostanza che vivevano insieme. Il messaggio che don Andrea ci dava è che tutti siamo, prima di ogni altra cosa, "persone".

«Mia sorella si trasferì a Santo Domingo, decisi di seguirla. Avevo diciassette anni e fu il classico colpo di fulmine per un ragazzo del luogo. Rimasi incinta, tutti attorno a me volevano farmi abortire. Io scrissi al Gallo e lui mi rispose: qualunque scelta avessi fatto, lui c'era, pronto ad accogliermi e ad aiutarmi. Io avevo già scelto di tenere mia figlia e aspettavo solo qualcuno che mi desse un appoggio.

«Marta nacque in gennaio, a Genova, io divenni maggiorenne ad aprile. Ero venuta in Italia da sola, per il parto, pensando di ritornare dal padre della bambina una volta compiuti diciott'anni. Ma per motivi che è inutile spiegare decisi di rimanere a Genova.

«In quel periodo ho vissuto la vita di San Benedetto in tutto, don Andrea è stato il mio punto di riferimento. Oggi Marta lo chiama nonno. Io lavorai per qualche tempo al ristorante della Lanterna, poi ebbi la proposta di venire qui nel negozio di pelletteria. Era la rivendita del laboratorio della comunità, ma poi la pelle cominciò a costare sempre di più, c'era sempre meno personale in grado di lavorarla. Si decise di riconvertire l'attività.

Oggi la gente porta qui i vestiti che non mette più, una parte vengono distribuiti gratuitamente a San Benedetto, una parte sono in vendita. Vendiamo tutto a un prezzo politico, per chi non ha molti soldi. Non è solo il negozio freddo dove compri e vai via: qui puoi fare due chiacchiere, chiedere un consiglio.

«Vengono molte prostitute, mi ha sempre colpito come fanno a essere contente malgrado il loro lavoro. È capitata qualcuna che ha fatto spesa per trentamila lire, poi mi ha detto: mi tieni il sacchetto? Non ho soldi, vado a lavorare e torno. La prendono anche in scherzo. Raccontano la loro vita, quasi tutte sono venute pensando di trovare chissà cosa e si sono trovate per la strada.

«E poi ci sono le vecchiette che arrivano, parlano della loro giornata: vanno a comprare il pane, poi si fermano al Porto Antico a sedere sulle panchine per ore.

«A volte capita di regalare qualcosa. Si vede subito la persona che ha bisogno e non racconta bugie. Allora si dà anche senza niente in cambio. La bottega, comunque, è sempre in attivo: perché non compriamo niente, tutto quello che vendiamo ci è stato regalato. I ricavi sono soldi che reinvestiamo a San Benedetto.

«Don Gallo è una persona incredibile. A volte mi stupisco come faccia alla sua età a continuare questa vita, a vedere sempre lontano, a trasmetterti una marcia in più. Tante volte ci siamo scontrati: ma poi, col tempo, ho finito sempre per dovergli dare ragione...".

Anna Raybaudi, ex "ragazza del gruppo delle dodici". «La città negli anni Settanta parlava di quel prete che radunava la gente parlando di fede e di politica. Io lavoravo in Comune ai servizi sociali, volevo capire i meccanismi della burocrazia e metterli a confronto con il volontariato. C'erano assistenti sociali stupiti di fronte alla realtà di persone così diverse che a San Benedetto formavano un gruppo: il matto, il tossico, l'alcolista con tanta voglia di stare insieme, cantare, fare musica. La chiamavamo la "Comunità delle ore dodici" perché era l'ora della messa domenicale, mentre al Carmine era alle undici. Il primo documento che venne sottoscritto, per la liberazione di Valpreda, fu firmato così.

«I primi anni eravamo organizzati in modo che chiunque potesse entrare a San Benedetto a qualsiasi ora del giorno e della notte. Se qualcuno aveva fame gli si dava un pasto, se aveva sete lo si dissetava, se non aveva da dormire lo si ospitava. In giro si sapeva, parlo degli anni a cavallo del 1975-76, e così ogni sera a San Benedetto potevi trovare di tutto. Grande allegria e grande conflittualità, gente disperata che trovava un ambiente ospitale ma con facilità poteva anche venire alle mani.

«Per prima cosa non chiedevamo a chi bussava "chi sei e da dove vieni". Ma piuttosto: hai fame? Ti devi lavare? Qualcuno si fermava nel salone. Il parroco aveva ottenuto che prestassero la loro opera a San Benedetto alcuni obiettori di coscienza. Noi dicevamo a questi ragazzi: qui è come essere in trincea, non siete imboscati, dovete darvi da fare. I nostri ospiti ti provavano in mille modi. Arrivava il ragazzo drogato, magari ti rubava il portafogli. Ma era un meccanismo conosciuto, lo faceva per vedere se lo punivi, come ti comportavi. Sono meccanismi che abbiamo studiato e sono serviti a farci crescere.

«Si faceva tutto con allegria perché don Gallo è anche un istrione, una persona con un grande senso dell'umorismo e voglia di scherzare. Ricordo che una volta arrivarono in comunità tre francesi col sacco a pelo. Chiesero di fermarsi per qualche notte e furono accontentati, come sempre avveniva per qualsiasi ospite.

«Andrea parla molto bene il francese. A tavola, tra un discorso e l'altro, mi disse: "Digli che mi chiamo Lino", alla francese "Linò". Io stetti al gioco, anche se non sapevo dove voleva arrivare. Riferii: il s'appelle Lino.

«Andrea era in borghese, come sempre. I francesi chiesero se era l'abbé, l'abate della comunità. E lui serissimo: sì, sono l'abbé Lino, l'abbelinò (in genovese: "rincoglionito", *ndr*). Finché rimasero qui, i tre francesi lo chiamarono così, con molta deferenza.

«Il Gallo ha, ancora oggi, una bella voce baritonale, ha sempre saputo cantare e scherzare, sa toccare i punti deboli delle persone. E molte forme di "recupero", ne sono convinta, sono iniziate con uno scherzo.

«Una delle persone che non posso dimenticare nella vita della comunità di quegli anni è Claudio Parodi. Era passato da un ospedale all'altro, era stato anche in manicomio, poi l'avevano mandato qui perché i servizi sociali non sapevano cosa farne. Rapportarsi con Claudio voleva dire abbandonare ogni pregiudizio: entrare in un'altra dimensione.

«Quando è venuto per la prima volta Siri in visita alla comunità, annunciando solo all'antivigilia che si sarebbe fermato a pranzo, eravamo nel panico. Non era come oggi che c'è una certa organizzazione, abbiamo un ristorante dove possiamo accogliere gli ospiti. No, eravamo così sbandati che di più non si poteva. Tutti tirammo fuori il vestito bello e cercammo di presentarci in ordine. Ma l'unico che si presentò vestito da hippy come sempre, malgrado il cardinale, fu Claudio.

«Con Siri i rapporti personali erano cordialissimi, il cardinale non avrebbe mai mandato via da Genova un prete che riempiva la chiesa e aveva fatto in modo che i camalli del porto, tradizionalmente comunisti, portassero in processione la statua della Madonna a braccia per tutto il centro storico. Se lo contrastò fu perché venne fomentato, l'attività pedagogica di don Andrea era vista da molti come permissivismo, il cardinale ebbe probabilmente pressioni da gente che conta. Perché è stato poi Siri a mettere letteralmente alla fame il Gallo, comportandosi in modo anche cattivo. Ma la prova che aveva stima di don Andrea è che non gli ha mai dato un ammonimento canonico.

«Don Gallo lo ha sempre detto: se Siri mi ordina di uscire per strada con una pentola per cappello, io esco con la pentola, perché è il mio cardinale e gli devo obbedienza. Ma se mi dovesse dire di lasciar stare i poveri, allora è un altro discorso: perché la prima obbedienza va al Vangelo.

«Qualcuno dice del Gallo che forse si comporta bene, ma ha sbagliato a fare il prete. Non è vero: don Andrea è prete fino in fondo. Un prete del Vangelo, forse non dell'istituzione clericale. I suoi riferimenti sono don Primo Mazzolari, don Milani, padre Turoldo e padre Balducci, Oscar Romero. Personaggi che hanno avuto scontri con la gerarchia ma sono stati grandi protagonisti della fede e della vita della Chiesa.»

Appendice

Follia e fede

Caro Andrea tutte e due le volte che ti ho ascoltato ci hai detto che corri il rischio di diventare pazzo. Tranquillizzati, Andrea: pazzo tu lo sei già. Sei in tutto un altro mondo, con parametri di razionalità, di umanità e di moralità completamente diversi. Persona fuori dal tempo. Ma non solamente fuori dagli anni Novanta: tu saresti stato fuori dal tempo anche cento anni fa o magari tra cento anni. È la follia che parte da te, un linguaggio duro che dice sempre la stessa parola: convertitevi.

Francesco da Pistoia

(dall'agenda della comunità)

Drogato

Solo col tuo destino, non è giusto e non ricordi più perché sei tale; non hai diploma; non è importante ma resterai dopo la vita, nel giro nero della droga.

Non rivedrai i tuoi cari se mai di questi ne hai avuti; sentirai soltanto parole chiare come quando ti parlavano allora: quando eri in vita.

Solo con un amico, solo con una donna, solo un po' con tutto e tutto un po' con tutti gli altri drogati, soli come te.

Quelli che quando morti ti precederanno e già ti hanno preceduto nel giro nero della droga.

Claudio Parodi

La scimmia

Ho avvertito per la prima volta, come non mai dentro la testa, la famelica scimmia.

Claudio Parodi

(dall'agenda della comunità, 27-07-1979)

L'ultima predica al Carmine

Sono parole importanti, anzi direi importantissime perché mi hanno sempre detto che sono chiacchierone, a casa, da tutte le parti, quando ero ragazzo e anche adesso. Mentre invece vi posso assicurare, e non è presunzione ma è constatare una realtà, che queste mie chiacchiere da più di un anno sono chiacchiere registrate non certo dai nostri cari ragazzi. Sono chiacchiere riportate parola per parola al vescovo. Parola per parola. Capite che sono importanti se un cardinale arcivescovo con tutto quello che ha da fare, impegnato com'è a reggere il governo della Chiesa universale, conosce a memoria le mie prediche e a volte anche capovolge le frasi.

Mi ha dato ancora la prova ieri. Cosa hai detto domenica pomeriggio a dieci vecchietti?, ha chiesto. E mi sono state ripetute tutte le parole che ho detto, un po' capovolte, un po' il significato, a senso. Ma sono state dette.

Non si spaventino, non credano che succeda qualcosa. Mi hanno consigliato, e questo lo dico così molti tireranno un respiro, rideranno, sogghigneranno, mi hanno proprio consigliato di lasciarmi cacciare via a calci nel sedere.

Ci ho pensato e difatti mi lascerò cacciare via. Perché il 1° luglio io cesso di essere sacerdote in questa zona, di essere assistente dei ragazzi, ubbidisco. Dico una parola importante: ubbidisco. A cosa ubbidisco? Ubbidisco all'ordine del vescovo. Tuttavia sono cosciente e coinvolgo tutti nella responsabilità: è un tradimento del popolo di questa zona, un tradimento di tutti i ragazzi che io ho avvicinato in quest'anno. Un tradimento, ripeto. Ubbidisco, ma lo dico.

Mi hanno sradicato dai ragazzi, più di cento ragazzi. Mi hanno sradicato dalla gente del quartiere

Mi hanno colpito nei sentimenti più chiari, più profondi. E ubbidendo credo ancora a questa Chiesa che tende a diventare piena di amore e solamente piena di amore rimane unita, aperta a tutti, fedele allo Sposo.

[...]

E tuttavia ecco il dramma, ditemi se non è vero. Colpa mia, colpa vostra, colpa di tutti, penso. Ed ecco perché è necessario incontrarsi perché il dramma è questo: noi non ci amiamo, siamo legati ma senza amore. Vi potrebbe essere situazione più tragica? Ditemi in quante sacrestie di Genova non parlano male del cardinale, trovatemi un sacerdote che non lo deride. Il sottoscritto ha sempre parlato all'arcivescovo sinceramente.

[...]

Il mondo di oggi si organizza come un solo grande corpo ma un simile corpo è abitato da centinaia di piccole anime paurose, ostili, vendicative freddolose incapaci di amare, impotenti a far battere il suo cuore. Il miracolo che il mondo aspetta dai cristiani è il miracolo capace di convertirlo, quello di cui il mondo ha bisogno come i discepoli avevano bisogno di acqua viva, la samaritana di acqua viva, le folle di pane e di pesce. È il miracolo della nostra carità del nostro amore coraggioso, attivo, gioioso, comunicativo. Ovunque arriva un cristano, ovunque vive un cristiano dovrebbe prodursi la comunità. In questo universo diventato così piccolo in cui tutti si disturbano, si urtano gli uni gli altri, noi possiamo anzi dobbiamo portare l'amore, la forza di comunione, il nutrimento del cuore per mezzo del sacramento di un solo pane a cui tutti possono partecipare. E invece, lo dicevo già altre volte, la nostra Chiesa è la Chiesa del silenzio, quella in cui si tace, in cui non si fa nulla, quella che non parla né a noi né agli altri.

Fuori dalla Chiesa non vi è salvezza: a questa espressione viene dato un significato intollerante ma largamente diffuso, il significato di restringere la redenzione che fa dell'amore di Dio per noi un privilegio. Noi sappiamo però che Dio ama tutti gli uomini e sappiamo pure che la grande quantità di tutti coloro che visibilmente non appartengono alla Chiesa vi possono aderire invisibilmente. La Chiesa salva anche coloro che non la conoscono ma che mai la rifiuterebbero se veramente la conoscessero, e la religione di Cristo è fatta per la Chiesa. Ma non per rinchiudersi dentro.

Il sale è fatto per uscire dalla saliera, ogni messa termina con un invito, con una missione che disperde l'assemblea cristiana in mezzo al mondo. Certo al termine di questa nostra messa anche noi adesso ci disperderemo per il mondo, per questa città.

Dico una frase, non so come sarà interpretata: la battaglia è perduta. Rideranno, sghignazzeranno, ma la guerra continua. Parlo di guerra cristiana e voi lo sapete, la fede salva il mondo, salvano il mondo soltanto coloro che lo guardano con fede.

Vorremmo abbracciare tutti adesso. Tutti coloro che hanno seminato zizzania, tutti coloro che non vogliono riconoscere che ci si vuol bene, si va in cerca di bene. Tutti coloro che non vogliono riconoscere che in questi anni si è andati alla ricerca della carità. Sbagliando, certo. Facendo tante cadute. Vedere il prossimo com'è significa vedere il prossimo in ogni persona.

Avviciniamoci anche noi con Gesù a una Chiesa che sembra veramente che sia morta, tutti la deridono. «La bambina non è morta ma dorme. Egli prese con sé il padre e la madre e presa la mano della bambina le disse: Io ti dico, alzati.»

Cari amici, giovani non solo d'età, non deridete Gesù che si rivolge a questa chiesa bambina che dorme, è ancora una volta Gesù che dice: «Io ti dico, alzati». E dirà ancora una volta: andate per il mondo ad annunciare la buona novella ai poveri...".

26 giugno 1970

Indice

«Ancora in strada»
di don Andrea Gallo
Oscar bestsellers
Arnoldo Mondadori Editore

Questo volume è stato stampato
presso ELCOGRAF S.p.A.
Stabilimento - Cles (TN)
Stampato in Italia. Printed in Italy